THE SANKHYAKARIKA

THE SANKHYAKARIKA

OF ISVARAKRISHNA

WITH AN EXPOSITION CALLED CHANDRIKA

BY

NARAYANA TIRTHA

EDITED BY PANDIT BECHANARAMA TRIPATHI,
PROFESSOR OF SANKHYA, SANSKRIT COLLEGE,
BENARES.

Intended Chiefly for the Use of Students Preparing for the Middle Examination of the Benares Sanskrit College.

GYAN

Published by

Gyan Publishing House
5, Ansari Road
Daryaganj, New Delhi-110002
Phone: 011-47034999, 9811692060
E-mail: books@gyanbooks.com

Distribution Network
gyanbooks.com
India, USA, Canada, UK, Australia, France

ISBN : 978-81-212-2590-8 (HB)
First Published, 1905

2nd Impression 2021

Printed at: Gyan Press, Delhi.

The Sankhyakarika
Author: Isvarakrishna

सांख्यकारिका

ईश्वरकृष्णविरचिता

श्रीनारायणतीर्थकृतचन्द्रिकाव्याख्यया सहिता

काशीस्थराजकीयसंस्कृतपाठशालीयसांख्यशास्त्रप्रधाना-
ध्यापकेन पण्डितश्रीवेचनराममत्रिपाठिना संस्कृता।

यह पुस्तक ब्रजभूषणदास और कम्पनी की दुकान मे मिलैगी, ठेकाना
चाँदनी चौक के उत्तर नई सड़क, बनारस।

THE SÂŃKHYAKÁRIKÁ

OF ÍSVARAKRISHNA

WITH AN EXPOSITION CALLED CHANDRIKÂ

BY NÂRÂYANA TÍRTHA.

EDITED BY PANDIT BECHANARÁMA TRIPÁṬHÍ,

PROFESSOR OF SANKHYA, SANSKRIT COLLEGE, BENARES.

Intended Chiefly for the Use of Students Preparing for the Middle Examination of the Benares Sanskrit College.

Published by Messrs. Braj B. Dts & Co., New Road, North of the Chauk, Benares.

BENARES.

PRINTED AT THE VIDYA VILAS PRESS.

1905.

सांख्यकारिका ।

नारायणकृतचन्द्रिकया सहिता ।

श्रीगणेशाय नमः ।

दुःख(१)त्रयाभिघाता-
ज्जिज्ञासा तदपघातके हेतौ ।
दृष्टे सापार्था चे-
न्नैकान्तात्यन्ततो ऽभावात् ॥ १ ॥

श्रीरामगोविन्दसुतीर्थपाद-
कृपाविशेषादुपलभ्य बोधम् ।
श्रीवासुदेवादधिगत्य सर्व-
शास्त्राणि वक्तुं किमपि स्पृहा नः ॥ १ ॥
प्रकृतिं पुरुषं चैव नत्वाचार्यान् गुरूंस्तथा ।
नारायणः सांख्यमूले तनुते सांख्यचन्द्रिकाम् ॥ २ ॥

तदिदं शास्त्रं चतुर्व्यूहम् । हेयं हेयसाधनं हानं हानसाधनं चेति मुमुक्षुजिज्ञासितत्वात् । तत्र हेयं सर्वप्रतिकूलवेदनीयतया दुःखम्, हेयहेतुः प्रकृतिपुरुषयोरविवेकः, हानं दुःखस्यात्यन्तनिवृत्तिः परमपुमर्थः, हानहेतुः प्रकृतिपुरुषविवेकद्वारा शास्त्रम्, अतोऽत्र परमपुमर्थस्य स्वत एवेष्टत्वेन तदुपाये शास्त्रे प्रेक्षावतामिष्टसाधनताज्ञानादवश्यं जिज्ञासा भवतीत्याह दुःखत्रयेत्यादि, दुःखत्रयमाध्यात्मिकमाधिभौतिकमाधिदैविकं च, तत्रात्मानं शरीरमन्तःकरणं चाधिकृत्य यज्जायते तदाध्यात्मिकं दुःखं वातपित्तादि (२) प्रकोप-

---

(१) यद्यपि दुःखममङ्गलं तथापि तत्परिहारार्थत्वेन तदपघाती मङ्गलमेवेति दुःखशब्दोपादानं ग्रन्थादौ न दोषायेति मूलकाराशयः ।

(२) आदिना श्लेष्मग्रहणं तेषां प्रकोपो वैषम्यं तेन जन्यमेतच्च शारीरम् ।

जन्यं कामा (१) दिजन्यं च, तत्र भूतानि प्राणिनोऽधिकृत्य यज्जायते तदाधिभौतिकं व्याघ्रचौराद्युत्थम, एवं देवाग्न्यादीनधिकृत्य यज्जायते तदाधिदैविकं दाहशीतादिकृतं यक्षराक्षसविनायकग्रहाद्यावेशनिबन्धनं च, यद्यपि सर्वमेव दुःखं मानसमेव तथापि मनोमात्रजन्यत्वाजन्यत्वाभ्यां मानसत्वामानसत्वविभागः, तस्य दुःखत्रयस्याभिघातात्० असह्यसम्बन्धात् तदपघातके प्रकृतिपुरुषविवेकद्वारा दुःखोच्छेदके हेतौ वक्ष्यमाणशास्त्रे प्रेक्षावतां जिज्ञासा भवत्येवेत्यर्थः ।

यद्यपि वर्तमानं स्थूलं दुःखं द्वितीयक्षणे स्वयमेव नङ्क्ष्यति, अतीतं तु नष्टमेव, तथाप्यनागतसूक्ष्मदुःखनिवृत्तौ तात्पर्यम् । अत्र यद्यपि सत्कार्यवादे न ध्वंसप्रागभावरूपाभावस्तथापि निवृत्तिश्च सूक्ष्मरूपस्यातीतावस्थत्वमेव (२) स्थूलस्वरूपाप्राप्तियोग्यत्वं वा । न चानागते मानाभावः, यावच्चित्तकालावस्थायिकार्यजननशक्त्या यावच्चित्तसत्त्वमनागतदुःखानुमानात् (३) ।

ननु तत्र शारीरदुःखस्य रसायनादिसेवनात्, मानसस्य मनोज्ञस्त्रीपानभोजनादितः, आधिभौतिकस्य नीतिशास्त्राभ्यासनिरत्ययस्थानसेवनादितः, आधिदैविकस्य मणिमन्त्रौषधादितो दृष्टोपायादेवोच्छेदो भविष्यतीत्याशयेनाशङ्कते दृष्टे सति । दृष्टे प्रसिद्धौषधादिविषय एव जिज्ञासा० अपार्था अन्यथा सिद्धा (४) स्त्विति चेदित्यर्थः । निषेधति नेति । एकान्तत्वं दुःखोच्छेदस्यावश्यकत्वम् । अत्यन्तत्वं दुःखस्य पुनरनुत्पादस्तदुभयस्य दृष्टोपायादभावात् ॥ १ ॥

दृष्टवदानुश्रविकः
स ह्यविशुद्धिक्षयातिशययुक्तः ।
तद्विपरीतः श्रेयान्
व्यक्ताव्यक्तज्ञविज्ञानात् ॥ २ ॥

---

(१) आदिना क्रोधलोभमोहभयेर्ष्याविषादविषयादर्शनानां ग्रहणं तैर्जन्यम् ।

(२) नन्वतीतावस्थस्यापि कदाचित् प्रादुर्भावः स्यादित्याशङ्क्य पक्षान्तरमाह ।

(३) चित्तसत्त्वमनागतदुःखजनकं भवितुमर्हति यावच्चित्तावस्थायिकार्यजननशक्तिमत्त्वात् वह्निवत्, एवं दुःखं भविष्यति जनकादृष्टवत्त्वात् पूर्वादृष्टवदिति वा ।

(४) अर्के चेन्मधु विन्देत किमर्थं पर्वतं व्रजेत् । इष्टस्यार्थस्य संसिद्धौ को विद्वान् यत्नमाचरेत् ।

ननु स्वर्गस्य दुःखासम्भिन्नत्वा (१) दग्रस्तत्वाच्च तद्धेतुज्योतिष्टोमादिक एव जिज्ञासा भविष्यति तत्राह दृष्टवदिति। गुरुमुखादनुश्रूयते इत्यनुश्रवो वेदः कर्मकाण्डरूपस्तेन प्रोक्तो ज्योतिष्टोमादिरानुश्रविक उपायो दृष्टवत्० औषधादिवत्। अत्र हेतुमाह स हीति। हि यतः। अविशुद्धिरङ्गवैगुण्यं न हिंस्यादिति शास्त्रनिषिद्धहिंसा च। अन्ततो वृक्षपत्रादिच्छेदानामग्निसान्निध्यात् क्षुद्रजन्तुनाशादेश्च सम्भवात्। अतो दुःखहेतुरेव। क्षयेति तत्कर्मणः फलस्य क्षयित्वेन नात्यन्तदुःखोच्छेदकत्वम्। क्षयानन्तरं दुःखोत्पत्तेरित्यर्थः। अतिशयेति तत्राप्यधिकसुखिदर्शनात्। ईर्ष्यामर्षाभ्यां स्वीयो दुःखोत्कर्ष एवातिशय इत्यर्थः। ननु (२) विधिसंस्पृष्टस्य निषेधविषयतया विरुद्धत्वात्। अन्यथा विधिनिषेधाधीनप्रवृत्तिनिवृत्तिसमावेशदोषप्रसङ्गादाहवनीयविधिः (३) पदमहोममिव "न हिंस्या" दित्यादिनिषेधो "ऽग्नीषोमीयं पशुमालभेते" त्यादिविधिविषयां यागीयहिंसां परिहृत्य प्रवर्त्तत इति यागीयातिरिक्तहिंसैव पापं न यागीयेति चेन्न। हिंसायां विध्यधीनेष्टसाधनत्वस्य निषेधाधीनानिष्टसाधनत्वस्य च समावेशसम्भवात् पशुवधप्रयुक्तस्याल्पानिष्टस्य वित्तव्ययायासादिसाध्यदुःखस्येवाभ्युपगमेन क्रतुसाध्यमहाफलार्थितया प्रवृत्तेरुपपन्नत्वेन विधिनिषेधाधीनप्रवृत्तिनिवृत्तिसमावेशदोषाणामनवकाशात्। पापमेव हिंसिधातुपदवाच्या यागीयापि हिंसेति तद्घटितज्योतिष्टोमादिकमविशुद्धमेव। अत एवोक्तं भारते पितापुत्रसंवादे "तातैतद्बहुशोऽभ्यस्तं जन्मजन्मान्तरेष्वपि। त्रयीधर्ममधर्माढ्यं न सम्यक् प्रतिभाति मे"॥ इति। अधिकमस्मत्कृतयोगसूत्रव्याख्याने ऽनुसंधेयम्। तद्विपरीतः श्रेयान्, दृष्टानुश्रविकाद्भिन्न उपायः शास्त्रैकगम्यात्मसाक्षात्करः श्रेयान्, ऐकान्तात्यन्तिकदुःखोच्छेदक्षमः। स कस्माद्भवति तदाह व्यक्ताव्यक्तज्ञविज्ञानादिति। व्यक्तं भूतादि अव्यक्तं प्रधानम्, ज्ञः पुरुषः, एषां विविच्य ज्ञानाद्भवतीत्यर्थः। अयमभिप्रायः। आत्मानात्मविवेकसाक्षात्कारात् कर्तृत्वाद्यखिलाभिमाननिवृत्त्या तत्का-

---

(१) यन्न दुःखेन संभिन्नं न च ग्रस्तमनन्तरम्। अभिलाषोपनीतं च तत् सुखं स्वःपदास्पदम्॥ इत्यादिप्रमाणात्।

(२) मीमांसकप्रश्नः।

(३) आहवनीये जुहोतीति।

यैरागद्वेषधर्माधर्माद्यनुत्पादात् पूर्वोत्पन्नकर्मणां(१)चाविद्यारागादिसहकार्युच्छेदरूपदाहेन विपाकानारम्भकत्वात् प्रारब्धसमाप्त्यनन्तरं पुनर्जन्माभावेन त्रिविधदुःखात्यन्तनिवृत्तिरूपो मोक्षो भवतीति तादृशसाक्षात्कारहेतौ मननाख्यविचाररूपे शास्त्रे प्रेक्षावतां जिज्ञासा भवत्येवेति ॥ २ ॥

मूलप्रकृतिरविकृति-
र्महदाद्याः प्रकृतिविकृतयः सप्त ।
षोडशकस्तु विकारो
न प्रकृतिर्न विकृतिः पुरुषः ॥ ३ ॥

व्यक्ताव्यक्तज्ञानां स्वरूपं दर्शयितुं लक्षणमाह मूलप्रकृतिरिति । मूलप्रकृतिः सर्वजनिका प्रकृतिरजन्या तथा चाजन्यत्वे सति जनकत्वं प्रकृतित्वम् । अव्यक्तमुक्त्वा व्यक्तं द्विविधमाह महदाद्या इति । महत्तत्त्वाहङ्कारपञ्चतन्मात्राणि प्रकृतिविकृतयः । तत्त्वविभाजकोपाध्यवच्छिन्नजनकत्वे सति जन्या इत्यर्थः । षोडशक इति । एकादशेन्द्रियाणि पञ्चाकाशादीनि महाभूतानि च विकार इति । तत्त्वविभाजकोपाध्यवच्छिन्नाजनकत्वे सति जन्य इत्यर्थः । पुरुषस्तत्सर्वभोक्ता न प्रकृतिर्न विकृतिः । अजनकत्वे सत्यजन्य इत्यर्थे । आद्यविशेषणेन प्रकृतिनिरासः । द्वितीयेनातीन्द्रिय(२)सामान्यादिनिरासः । तदेवं पञ्चविंशतितत्त्वान्युक्तानि । सेश्वरसांख्यनये तु पुरुषपदेनैवेश्वरस्यापि ग्रहणं मायापदेन चेश्वरसङ्कल्प एवोच्यते जीवाहङ्कारः वा अविद्याशब्देन च जीवभ्रम एवोच्यते नान्यत् । अतो न तदकथनकृता न्यूनतेति सङ्क्षेपः ॥ ३ ॥

---

(१) संचितकर्मणाम् ।

(२) अतीन्द्रियं महत्तत्त्वादि तन्निष्ठसामान्यस्य जन्यत्वमेव । महत्तत्त्वस्य यथा जन्यत्वं तथा तस्यापि सांख्यमते जन्यत्वमेव । नैयायिकमते यथा जातिर्नित्या तथा सांख्यमते न किंतु द्विविधाः पदार्थाः सामान्या विशेषाश्च यथा मृत्तिका सामान्या घटश्च विशेषः ॥

दृष्टमनुमानमाप्तव-
चनं च सर्व्वप्रमाणसिद्धत्वात् ।
त्रिविधं प्रमाणमिष्टं
प्रमेयसिद्धिः प्रमाणाद्धि ॥ ४ ॥

तत्त्वान्युक्तानि तेषां सिद्धिः प्रमाणेन भवति न चैकप्रमाणेन सर्व्वेषां तत्त्वानां सिद्धिः सम्भवति तथा च प्रमाणबहुत्वमुचितं तत्र कानि प्रमाणानि कियन्ति चेत्यत आह दृष्टमिति । दृष्टं प्रत्यक्षम् । अनुमानमनुमितिकरणं लिङ्गपरामर्शः । आप्तवचनं शब्दप्रमाणम् । उक्तं कपिलेन भगवतेत्यर्थः । कुतः सर्वप्रमाणसिद्धत्वात् । सर्वैः प्रमाणैः प्रमातृभिः पतञ्जलिप्रभृतिभिः सिद्धत्वात् प्रत्यक्षानुमानागमाः प्रमाणानीति स्वीकृतत्वात् । उपमानादिकं तु न सर्वप्रमाणसिद्धमिति भावः । यद्यपि वैशेषिकैः शब्दो नाभ्युपेयते तथापि ते न प्रमातार इति भावः । एवमन्येऽपि प्रत्यक्षाद्यपलपन्तो न प्रमातार इति बोध्यम् । उपमानस्यान्तर्भावो यथा गवयपदं गवयवाचकम्, असति वृत्त्यन्तरे तत्र प्रयुज्यमानत्वादिति । एवमर्थापत्तेरपि । यथा पीनो देवदत्तो दिवा न भुङ्क्ते इत्यत्रायं रात्रिभोजी दिवाऽभुञ्जानत्वे सति पीनत्वादिति (१)। अनुपलब्धिस्तु प्रत्यक्षसहकारिणी न स्वतो मानम् । ऐतिह्यसम्भवावपि (२) शब्द एव (३)। चेष्टान्व (४) नुमान एवेति सङ्क्षेपः। प्रमेयेति । हि यतः प्रमाणादेव प्रमेयाणां सिद्धिरतः प्रमाणं त्रिविधमिष्टमित्यर्थः ॥ ४ ॥

प्रतिविषयाध्यवसायो
दृष्टं त्रिविधमनुमानमाख्यातम् ।
तल्लिङ्गलिङ्गिपूर्वक-
माप्तश्रुतिराप्तवचनं तु ॥ ५ ॥

---

(१) यः दिवा अभुञ्जानत्वे सति रात्रिभोजी न भवति नासौ पीनो यथा उपवासी।

(२) यथाऽदृष्टवक्तृकं प्रवादमात्रमिति होचुर्वा इत्यैतिह्यं यथेह वटे यक्षः प्रतिवसतीति । सम्भवस्तु यथा खार्यां द्रोणाढकप्रस्थाद्यवगमः ।

(३) अन्तर्भवत इति शेषः ।

(४) हिताहित प्राप्तिपरिहारार्था क्रिया चेष्टा ।

प्रमाणानां लक्षणान्याह प्रतिविषयेति। प्रतिविषयो नियत-विषयो ऽध्यवसीयते निश्चीयते ऽनेनेति प्रतिविषयाध्यवसाय इन्द्रियम। चक्षुरादीनां रूपादिविषयकत्वनियमादिन्द्रियत्वविषयकत्वम। ननु कारणेन मेघादिना कार्यस्य वृष्ट्यादेर्ज्ञानं कार्येण धूमादिना कारणस्य वह्न्यादेर्ज्ञानं न प्रत्यक्षम, तथा च ते (१) केन प्रमाणेन जनयितव्ये तत्राह त्रिविधमिति। तथा चानुमान एव तयोः प्रवेशः। तथा च गौतमसूत्रम। "अथ तत्पूर्वकं त्रिविधमनुमानं पूर्ववच्छेषव-त् सामान्यतो दृष्टं चे"ति। तत्पूर्वकं व्याप्त्यादिप्रत्यक्षपूर्वकम। पूर्ववत् कारणेन कार्यानुमानम्। शेषवत् कार्येण कारणानुमानम। सामान्यतो दृष्टं कार्यकारणान्यालिङ्गकम्, यथा वायूपनीतचम्पक भागो रूपादिमान् गन्धादिति। त्रितयसाधारणमनुमानलक्षणमाह तल्लिङ्गेति, तस्य साध्यस्य लिङ्गं (२) व्याप्यम, लिङ्गं यत्र विद्यते स लिङ्गी व्याप्यवान् पक्षः, पूर्वं कारणं यस्य प्रत्यक्षस्य तत् तथा, तथा च साध्यव्याप्यविशिष्टं (३) पक्षप्रत्यक्षं वह्निव्याप्यधूमवान् पर्वत इत्याद्याकारः परामर्शो ऽनुमानम। अनुमितिकरणत्वादित्यर्थः। शाब्दलक्षणं वक्तुमाह आप्तवचनमिति, आप्तं च तद्वचनं चेत्याप्तवचनम, आकाङ्क्षाऽऽसत्तियोग्यतातात्पर्यवत् पदकदम्बकम्, लक्ष्यनिर्देशो ऽयम, आप्तश्रुतिरिति लक्षणम, प्रकृतवाक्यार्थगोचरयथार्थज्ञानवानाप्तः, श्रूयत इति श्रुतिर्वाक्यम, तथा चाप्तोक्तवाक्यत्वमिति लक्षणं प्राप्तम, शुकबालकादियथार्थवाक्ये तु सेश्वरसांख्यमते ईश्वर एवाप्तः, अन्यमते तु तत्र प्रमाणमिति संक्षेपः। वस्तुतस्तु तन्मते (४) इन्द्रियादिकं न प्रमाणं किं त्विन्द्रियादिजन्या वृत्तिरेव, तथाहि अविसंवादिज्ञान (५) मनधिगततत्त्वबोधो वा प्रमा तत्करणं तस्या अयोगव्यवच्छेदेन (६) संबन्धि तदेव प्रमाणसामान्यलक्षणम्। तत्रेन्द्रियसंचारमार्गेण बाह्यवस्तुसंबन्धाच्चित्तस्येन्द्रियसंनिकृष्टार्थविशेषावधारणप्रधाना वृत्तिः प्रत्यक्षं यथा घटोऽयमित्यादि। गृहीतव्या-

---

(१) ज्ञाने।

(२) यथा वह्न्यादेर्धूमादि।

(३) साध्यव्याप्याभ्यां विशिष्टम्।

(४) निरीश्वरसांख्यमते।

(५) यथार्थज्ञानम।

(६) अवश्यसम्बन्धेन।

ङ्गिकेन हेतुना साध्यवति पक्षे ज्ञायमानेन साध्यविषया वृत्तिरनुमानं यथा पर्वतो वह्निमानित्यादि । आप्तोक्तेन शब्देन श्रोतुस्तत्तदर्थाकारा वृत्तिरागमः, यथा " स्वर्गकामो यजेतेति " वाक्यात् स्वर्गकामनाव- ता यागः कार्य इति । अत्र सर्वत्र पौरुषो बोधः फलं येन जानामी- त्यादि व्यवहरति जन इत्यास्तां विस्तरः । कारिकार्थस्तु प्रतिविषयो- ऽध्यवसीयते निश्चीयते विषयीक्रियते ऽनेनेन्द्रियजन्यवृत्तिरूपं ज्ञानं प्रत्यक्षम् । लिङ्गलिङ्गिपूर्वकं स्व (१) ज्ञानद्वारा हेतुपक्षजन्यसाध्यज्ञा- नमनुमानम् । आप्तश्रुतिः, आप्तशब्देन शब्दो बोध इति ॥ ५ ॥

सामान्यतस्तु दृष्टा-
दतीन्द्रियाणां प्रतीतिरनुमानात् ।
तस्मादपि चासिद्धं
परोक्षमाप्तागमात् सिद्धम् ॥ ६ ॥

इदानीं प्रमाणत्रयविषयानाह सामान्यतस्त्विति, सामान्यत इति पष्ठ्यन्तात् तसिः, तथा चेन्द्रिययोग्यस्य सर्वस्याऽपेक्षितस्याऽ- नपेक्षितस्य च दृष्टात् प्रत्यक्षादेव सिद्धिः, तेन पृथिव्यादीनां प्रत्यक्षा- देव सिद्धिरिति भावः । अतीन्द्रियाणां प्रकृत्यादीनां सिद्धिरनुमाना- त्, यथा महत् तत्त्वं सकारणकं कार्यत्वात् घटवदिति, कारणान्तर- बाधात् प्रकृतिसिद्धिः, न च पुरुष एव जनको ऽस्तु तस्यापरिणामि- त्वेनाजनकत्वात् । तस्मादपि (२) परोक्षमतीन्द्रियं यागस्वर्गसाधन- त्वादि, आप्तागमात्, शब्दप्रमाणादित्यर्थः ॥ ६ ॥

अतिदूरात् सामीप्या-
दिन्द्रियघातान्मनोऽनवस्थानात् ।
सौक्ष्म्याद्व्यवधाना-
दभिभवात् समानाभिहाराच्च ॥ ७ ॥

---

(१) व्याप्तिः स्वशब्दार्थः ।
(२) अनुमानादपि ।

ननु प्रकृत्यादौ प्रत्यक्षमेव कथं न प्रवर्तेत इत्याकाङ्क्षायां प्रत्यक्ष विघटकान् (१) हेतूनाह, अतिदूरादिति, प्रत्यक्षं न प्रवर्तत इति शेषः, अत्यूर्ध्वगतः पक्षी न दृश्यते दूरत्वदोषात्, दोषश्च कश्चित् कश्चिदेव० अन्यथा सूर्यादिमण्डलदर्शनं न स्यादिति। चक्षुर्गोलगतः कर्पूरादिरतिसामीप्यान्न गृह्यते, अत्राप्यतिपदस्यान्वयः। इन्द्रियं गोलकं तस्य घातान्नाशात्। मनोऽनवस्थानात्, व्यासङ्गेन (२)तदिन्द्रियसंयोगाभावात् (३)। सौक्ष्मादिन्द्रियायोग्यत्वात्। व्यवधानात् कुड्यादेः। अभिभवो बलवत्सजातीयसंबन्धो यथा सौरालोकाभिभवाच्चन्द्रप्रभा न गृह्यते। समानाभिहारः समगुणानां मिश्रणं यथा माहिषादिदुग्धे पतितं गव्यदुग्धं न गृह्यते ॥ ७ ॥

सौक्ष्म्यात् तदनुपलब्धि-
र्नाभावात् कार्यतस्तदुपलब्धेः।
महदादि तच्च कार्यं
प्रकृतिसरूपं विरूपं च ॥ ८ ॥

नन्वेषामन्यतराधीनः प्रत्यक्षाभाव इति भवदीयं मतं तन्न युक्तं प्रकृत्यादीनामभावनिबन्धन एव स भविष्यतीत्यत्राह सौक्ष्म्यादिति। सौक्ष्मान्निरवयवद्रव्यत्वेनेन्द्रियायोग्यत्वात् तेषां प्रकृत्यादीनामनुपलम्भो न प्रकृत्याद्यभावात्, कुतः, कार्यतस्तदुपलब्धेः कार्येण तेषां सिद्धेः, कार्यलिङ्गकतदनुमानस्याबाधितत्वादिति भावः। किं कार्यं तत्राह महदादीति, आदिपदादहंकारपञ्चतन्मात्राणि गगनादयश्च। तत्र सरूपं महत्तत्त्वादिसप्तकं तत्त्वविभाजकोपाध्यवच्छिन्नजनकत्वात् (४) विरूपं गगनादि तादृशाजनकत्वात् (५)। एतत्कथनं कार्याणां विवेकज्ञानाय, सारासारविवेकेनात्मतत्त्वज्ञानजिज्ञासाद्वारा

---

(१) प्रत्यक्षप्रवृत्तिप्रतिबन्धकान्।

(२) मनसोऽन्येन्द्रियसंयोगेन।

(३ तेन प्रत्यक्षजनकेन्द्रियेण सह संयोगाभावात्।

(४) तत्त्वविभाजकोपाध्यवच्छिन्नजनकत्वं यथा प्रकृतौ वर्तते तथा तत्त्वविभाजकोपाध्यवच्छिन्नजनकत्वं महत्तत्त्वादिषु सप्तसु।

(५) तत्त्वविभाजकोपाध्यवच्छिन्नाजनकत्वात्।

साधर्म्यवैधर्म्यप्रकारककार्यतत्त्वज्ञानस्य कैवल्योपयोगित्वमित्यग्रे स्फुटीभविष्यति ॥ ८ ॥

असदकरणादुपादा-
नग्रहणात् सर्वसंभवाभावात् ।
शक्तस्य शक्यकरणात्
कारणभावाच्च सत् कार्यम् ॥ ९ ॥

ननु तार्किकनये (१) सतोऽसज्जायते तथा च यावत् कार्यं न जातं तावत्पर्यन्तं कारणस्य प्रमाणाभावेनाऽसत्त्वापत्तिः, तथा च कथं पश्चादपि तस्य (२) सत्त्वं स्यात्, नहि कार्येणासतः सत्त्वं कर्तुं शक्यते, तत्राह, असदिति । कार्यं कारणव्यापारात् प्रागपि सदेव न तु तदानीमसत्, अत्र हेतुमाह, असदकरणात् (३), असतो नृशृङ्गतुल्यस्य प्रागविद्यमानस्योत्पादनासंभवात्, अन्यथा नृशृङ्गस्यापि करणापत्तेः (४), असत्त्वाविशेषात् । हेत्वन्तरमाह॰ उपादानग्रहणात्, उपादानं समवायि कारणं तस्य कार्यार्थिना ग्रहणात्, यथा दध्यर्थी॰ क्षीरमुपादत्ते नान्यत्, यदि चासत् कार्यं स्यात् तर्हि दध्यर्थी॰ उदकस्योपादानं कुर्यात्, न च कुरुते, तस्मादुपादानग्रहणादपि ज्ञायते कारणे कार्यमस्तीति । हेत्वन्तरमाह सर्वसंभवाभावात्, लोके यद्यस्मिन्नस्ति तदेव तस्माज्जायत इति वक्तुं शक्यं मृदादिभ्य एव घटादिदर्शनात्, यदि चासत् कार्यं स्यात् तदा तत् सर्वं सर्वत्र संभवेत्॰ असत्त्वाविशेषात्, न च यत्र यस्य प्रागभावोऽस्ति स एव तत्र जायत इति वाच्यम्, तन्त्वनुत्पाददशायां पटप्रागभावः कुत्र स्यात्, न च काल इति वाच्यम्, प्रागभावस्य क्रियाविरहेण तन्त्वागमनविरहे तन्तुवृत्तित्वं न स्यात्, न (५) चाधि-

---

(१) सतः कारणात् परमाण्वादेरसत् कार्यं द्व्यणुकादि जायत इत्यर्थः ।

(२) कारणस्य ।

(३) विमतं कार्यं कारणव्यापारात् प्रागपि सद् भवितुमर्हति॰ उत्पाद्यमानत्वात् यदेवं तदेवं यथा तिलेषु तैलम्, न यदेवं न तदेवं यथा नरविषाणमिति ।

(४) उत्पादनापत्तेः ।

(५) अभावोऽधिकरणस्वरूप इति प्रभाकरमतं निराकरोति मैति ।

कारणतन्तु रूप एव प्रागभावः, तदधिकरणत्वाविशेषत्वाद् घटादि-प्रागभावरूपतापि (१) स्यात्, न च पटनिरूपितकारणत्वं नियामकम्, असतः पटादेर्निरूपकत्वादिधर्मासंभवात्, तदसतोरसंबन्धात् (२) निरूपकत्वादेर्निरूपकत्वस्वरूपत्वे तु तद्दोषतादवस्थ्यम्, कारणं कार्यसत्तायां त (३) न्निरूपितकारणता मृद्येव नान्यत्रेति नियामकाभावादित्याद्यन्यत्र विस्तरः। हेत्वन्तरमाह शक्तस्य शक्यकरणादिति, कार्यशक्तिमत्त्वमेवोपादानत्वम्, अन्यस्य (४) दुर्वचत्वात्, शक्तिश्च कार्यस्यानागतावस्थैव अर्थान्तरत्वे तस्याः कार्यासंबद्धत्वे० अव्यवस्था (५) संबद्धत्वे नासता संबन्ध इति शक्तस्य शक्यकरणादपि सत् कार्यमित्यर्थः। हेत्वन्तरमाह कारणभावाच्चेति, "तद्धेदं तर्ह्यव्याकृतमासी" दित्यादिश्रुतेरुत्पत्तेः प्रागपि कार्यकारणाभेदश्रवणेन कार्यस्य कारणात्मकत्वादपि सत् कार्यम्, असत्त्वे हि सदसतोरभेदानुपपत्तेरित्यर्थः, अपिच लोके यदात्मकं कारणं तदात्मकं कार्यमिति दृष्टं यथा कोद्रवेभ्यः कोद्रवा व्रीहिभ्यो व्रीहयो जायन्ते यदि चासत् कार्यं स्यात् तदा कोद्रवेभ्यो व्रीहीणां व्रीहिभ्यश्च कोद्रवाणामुत्पत्तिः स्यात्, न च दृश्यते, तस्मात् कार्यस्य कारणात्मकत्वादपिसत् कार्यमिति, न च तर्हि कार्यस्य नित्यत्वप्रसक्त्या सामग्रीवैयर्थ्यप्रसङ्ग इति वाच्यं सामग्र्या अभिव्यक्त्यर्थत्वात्, न चाभिव्यक्ते रपि जन्यत्वे सत्कार्यवादबाधः स्यात्, नित्यत्वे सदैवाभिव्यक्तिः स्यात्, तस्या अप्यभिव्यक्त्यपेक्षायामनवस्थापत्तिरिति वाच्यम्, व्यवहारोपयोगितत्तत्कार्याभिव्यक्तेस्तत्तत्कार्यनिष्ठसत्त्वगुणरूपतया नित्यत्वेऽपि तमसा प्रतिबद्धत्वान्न व्यवहारोपयोगित्वम्, अभिव्यञ्जकसामग्र्या तूत्तेजकेन मणे (६) रिव तमसः प्रति-

---

(१) नियामकाभावादित्यभिप्रायः।

(२) तत्र कार्यम्।

(३) तेजस्तिमिरयोरिव।

(४) शक्तिरहितस्य।

(५) असंबद्धत्वाविशेषेण सर्वस्मात् सर्वं संभवेदित्यव्यवस्था, यथाहुः सांख्यवृद्धाः, असत्त्वान्नास्ति संबन्धः कारणैः सत्त्वसङ्गिभिः। असंबद्धस्य चोत्पत्तिमिच्छतो न व्यवस्थितिः॥ इति। अर्थान्तरस्य सत्त्वात् कार्यस्य घटादेरसत्त्वात् सदसतोरसंबन्धादव्यवस्थेति वा,।

(६) कारणीभूताभावप्रतियोगित्वं प्रतिबन्धकत्वं कार्यानुकूलधर्मविघटकत्वं वा, तथा च कारणीभूतो योऽभावो मण्यभावस्तस्य प्रतियोगी मणिस्तस्यैवाग्निनिष्ठदाहरूपकार्यस्य प्रतिबन्धकत्वमिति भावः, प्रतिबन्धकस्य प्रतिबन्धकत्वमुत्तेजकत्वम्।

मन्धाद्व्यवहाराक्षमत्वमिति, सामग्र्या उत्तेजकत्वमात्राङ्गीकारात् सत्कार्यवादबाधाभावात्, तस्मात् कार्यकारणयोरभेदेऽपि व्यवहारक्षमता कार्यात्मनाभिव्यक्तस्यैव नान्यथा, अतो न कोऽपि दोष इत्यास्तां विस्तरः ॥ ९ ॥

हेतुमदनित्यमव्यापि
सक्रियमनेकमाश्रितं लिङ्गम् ।
सावयवं परतन्त्रं
व्यक्तं विपरीतमव्यक्तम् ॥ १० ॥

तत्र पूर्वस्यामार्यायां महदादि कार्यं प्रकृतिविरूपं सरूपं चेत्युक्तम्, तदिदानीं विशिष्य ज्ञानाय दर्शयति हेतुमदिति । व्यक्तं महदादि पृथिव्यन्तं त्रयोविंशतिसंख्यं हेतुमत्, हेतुः कारणं यस्याविर्भावे तद्धेतुमत्, कदाचिदाविर्भावशीलम् । अनित्यं कदाचित् तिरोभावशीलम् । अव्यापि० असर्वगतं विभुत्वे क्रिया न स्यात् । सक्रियं प्रवेशादिक्रियावत्, बुद्ध्यादयो ह्येकं देहं त्यक्त्वा देहान्तरं प्रविशन्ति । अनेकं प्रतिपुरुषं भेदात् सजातीयभेदवत्, तत्त्वं (१) चात्र स्वाश्रयप्रतियोगिकान्योन्याभावसमानाधिकरणतत्त्वविभाजकोपाधिमत्त्वम् (२), याति (३) चेदं महदादिषु महदादिप्रतियोगिकान्योन्याभावेन (४) महदन्तरादौ महत्त्वादेः समानाधिकरणत्वात्, प्रकृतौ तु न याति प्रकृत्यन्योन्याभावस्य प्रकृतावसत्त्वात्, पुरुषे सत्त्वेऽपि तत्र प्रकृतित्वाभावात्, पुरुषेऽतिव्याप्तिवारणाय तु त्रिगुणत्वे सतीति विशेषणीयम्, अथवानेकत्वं सर्गभेदेन भिन्नत्वम्, सर्गद्वयसाधारण्याभाववदिति यावत्, तेन नान्यत्रा(५)तिव्याप्तिः । आश्रितं वृत्तिमत्, (६) यथा महत्तत्त्वं प्रधाने० अहंकारो बुद्धौ पञ्च तन्मात्राण्य-

---

(१) सजातीयभेदवत्त्वम् ।

(२) स्वशब्देन महत्त्वादिस्तस्याश्रयी महदादिः स प्रतियोगी यस्य तादृशो योऽन्योन्याभावस्तत्समानाधिकरणो यस्तत्त्वविभाजकोपाधिस्तादृशोपाधिमत्त्वम् ।

(३) समन्वेति लक्षणं घटत इत्यर्थः ।

(४) सह । (५) पुरुषादौ ।

(६) अनित्यानियामकसंबन्धेन ।

हंकारे भूतानि तन्मात्रेषु, एवं यथासंभवमूह्यम्। लिङ्गं लिङ्गयति ज्ञापयतीति लिङ्गमनुमापकम, भवति हि कार्यमिदं कारणस्याव्यक्तस्यानुमितिजनकं भोग्यत्वाद् भोक्तुः पुरुषस्य चानुमितिजनकम्। सावयवम, अवयवैर्गुणैर्युक्तम्। परतन्त्रं साक्षात् परम्परया वा प्रकृत्यधीनस्वरूपपरिणामकं (१) भवति। एतद्वैधर्म्यं प्रकृतावाह विपरीतमिति, अव्यक्तं प्रकृतिः, विपरीतमहेतुमत् कारणत्वविश्रान्तेस्तत्रै (२) वाङ्गीकारात्। नित्यम, अनुत्पत्तिधर्मकत्वात्। व्यापि सर्वगतत्वात्। निष्क्रियं शान्तादिक्रियाशून्यत्वात्। एकं सजातीयभेदशून्यम्। निराश्रितं कारणशून्यत्वात्। अलिङ्गं कारणानुमापकम, तेनास्य पुरुषानुमापकत्वेऽपि न हानिः। निरवयवम, अकारणकत्वात्। स्वतन्त्रं कार्ये स्वयं समर्थत्वात्। यद्यप्येते धर्माः पुरुषस्यापि तथापि गुणवत्त्वे सतीति विशेषणीयम, तेन न तत्रातिव्याप्तिरिति संक्षेपः॥१०॥

त्रिगुणमविवेकि विषयः
सामान्यमचेतनं प्रसवधर्मि।
व्यक्तं तथा प्रधानं
तद्विपरीतस्तथा च पुमान्॥ ११॥

एवं व्यक्ताव्यक्तयोर्वैरूप्यमुक्त्वा सारूप्यमाह त्रिगुणमिति। व्यक्तं महदादि तथा प्रधानं प्रकृतिः। त्रिगुणं सत्त्वरजस्तमांसि त्रयो गुणा यस्य तत् त्रिगुणं तत्र प्रकृतेर्गुणत्रयसाम्यावस्थारूपत्वात्, महदादेश्च प्रकृतिकार्यत्वेन गुणसंबन्धात्। अविवेकि प्रकृत्यभिन्नम, तत्र महदादेः प्रकृत्यभिन्नत्वं कार्यकारणयोरभेदात्, प्रकृतेस्तु स्वत एव। विषयः ज्ञानभिन्नः, न तु योगाचारमतवज्ज्ञानाकारः, तथा सत्येकस्य बहुभोग्यता न स्यात, ज्ञानस्य तत्तदीयस्य तत्तत्पुरुषमात्रवेद्यत्वात्। सामान्यं गुणवत्त्वेन तुल्यम्, अथवा भोग्यत्वेन सर्वपुरुषाणां पण्यस्त्रीवत् तुल्यम्। अचेतनं स्वप्रकाशचेतनाद्भिन्नम, अनवभासकत्वात्। प्रसवधर्मि, प्रसवोऽन्याविर्भावहेतुत्वं धर्मो यस्य

---

(१) महदादीनां यत् स्वरूपं कार्यात्मना परिणामश्च तदुभयं प्रकृत्यधीनमित्यर्थः।

(२) तत्रैव एव।

तादृशम्, यस्माद्बुद्ध्यादिकमहंकारादिकं प्रसूते प्रधानं तु बुद्धिं प्रसूते तदिदं सर्वं व्यक्ताव्यक्तयोः सारूप्यमुक्तम्। अधुना व्यक्ताव्यक्तयोः पुरुषस्य च साधर्म्यं वैधर्म्यं चाह तद्विपरीतस्तथा च पुमानिति, ताभ्यां व्यक्ताव्यक्ताभ्यां विपरीतो विरूपः, निर्गुणत्वात्, निर्विषयत्वात्, निःसामान्यत्वात्, चेतनत्वात्, अप्रसवधर्मित्वाच्च, तथा चाव्यक्तसरूपोऽप्यहेतुमत्त्वादिना, एवं व्यक्तसरूपोऽप्यनेकत्वसंख्ययेति भावः ॥ ११ ॥

प्रीत्यप्रीतिविषादा-
त्मकाः प्रकाशप्रवृत्तिनियमार्थाः।
अन्योन्याभिभवाश्रय-
जननमिथुनवृत्तयश्च गुणाः ॥ १२ ॥

त्रिगुणमित्युक्तं तत्र किमात्मका गुणाः किमर्थाः किंप्रवृत्तयश्च तत्राह प्रीत्यप्रीतीति। गुणाः सत्त्वरजस्तमांसि यथासंख्यं प्रीत्यादिरूपाः, तत्र प्रीतिः सुखम्, उपलक्षणमार्जव (१) मार्दवह्रीश्रद्धाक्षमानुकम्पाज्ञानादीनाम्। अप्रीतिर्दुःखम्, उपलक्षणं प्रद्वेषद्रोहमत्सरनिन्दानिकृत्या (२) दीनाम्। विषादो मोहः, उपलक्षणं विप्रलम्भ (३) भयनास्तिक्यकौटिल्यकार्पण्याज्ञानादीनाम्। यत्रैतदुपलभ्यते तत्र तादृग्गुणः प्रत्येतव्य इति भावः। लक्षणमुक्त्वा प्रयोजनमाह प्रकाशेत्यादि प्रकाशोऽवभासः प्रवृत्तिश्चालनं नियमः प्रतिबन्धोऽर्थः प्रयोजनं येषां ते तादृशाः। तत्रावभासः सत्त्वेन, चालनं रजसा, प्रतिबन्धस्तमसा। तथाहि सत्त्वं रजसा चालितं कार्यं जनयेद् यद्यावरकेण तमसा न नियम्येत तथा च तमसा प्रतिबन्धात् तत् स्वार्थक्षमं न भवति, अतस्तत्प्रतिबन्धस्तस्य प्रयोजनं बोध्यम्। अन्योन्येति, अत्रान्योन्यपदं वृत्तिपदं च चतुर्ष्वप्यन्वेति। तथा चान्योन्याभिभववृत्तयः, तथाहि सत्त्वमुत्कटं भूत्वा रजस्तमसी अभिभूय शान्तां वृत्तिं लभते,

---

(१) आर्जवं सरलता।
(२) निकृतिः पराभवः।
(३) विप्रलम्भो वञ्चनम्।

एवं रजः सत्त्वतमसी अभिभूय घोराम्, एवं तमः सत्त्वरजसी अभिभूय मूढाम्। अन्योन्याश्रयवृत्तयः, अन्यतमो गुणः स्वकार्यार्थमन्यावाश्रित्य सहकारिणौ कृत्वा प्रवर्तते। अन्योन्यजननवृत्तयः, कार्यस्य त्रिगुणात्मकत्वादन्योन्यजनका इत्यर्थः। अन्योन्यमिथुनवृत्तयः, स्त्रीपुरुषवदन्योन्यसंयोगशीला इत्यर्थः। अत्रायं विशेषः, एको यदाधिकस्तदापरौ दुर्बलाविति, तथैव दर्शनात्॥ १२॥

सत्त्वं लघु प्रकाशक-
मिष्टमुपष्टम्भकं चलं च रजः।
गुरु वरणकमेव(१)तमः
प्रदीपवच्चार्थतो वृत्तिः(२)॥ १३॥

सत्त्वादीनामसाधारणं धर्मं विवेकोपयोगायाह सत्त्वं लघ्विति। लघु लघुत्ववत्, प्रकाशकमिन्द्रियार्थसंनिकर्षे सत्यर्थावभासकम्, सत्त्वाधिक्येनैवाङ्गानां लघुताया उपलब्धेरिन्द्रियाणां विषयग्रहणसामर्थ्यदर्शनाच्च, लघुत्वं प्रकाशकत्वं च सत्त्वस्य लक्षणम्, तत्र लघुत्वं कार्योद्गमनहेतुभूतो धर्मः, इष्टं संख्याचार्यैः। उपष्टम्भकं संश्लेषजनकम्, चलं सक्रियम्, रजसैव संश्लेषक्रिययोरुपलम्भात्, प्रेरकत्वं सक्रियत्वं च रजसो लक्षणमिति भावः। गुरु गुरुत्ववत्, वरणकमावरकम्, तमसैवाङ्गगुरुत्वविषयावभासप्रतिबन्धयोर्दर्शनात्, गुरुत्वं तत्तदिन्द्रियव्यापारनिवृत्तिद्वारा तत्तत्कार्यप्रतिबन्धकत्वं च तमोलक्षणमिति भावः। नन्वेतत्कथनेन सत्त्वरजस्तमांसि जात्यन्तराण्येवेति लक्ष्यन्ते तथा च तेषां परस्परविरुद्धानां कथमेकत्र प्रवृत्तिः संभवति परस्परविरुद्धानां शत्रूणामेकार्थकरणानुपलम्भात्, तत्राह प्रदीपवदिति, यथा तैलवर्तिदीपानां परस्परं विरोधेऽपि तैलवर्तिभ्यां सह दीपः प्रकाशं जनयति तद्वदित्यर्थः, दीपोपरि तैलपतनेन दीपनाशात् तैलमपि दीपविरोधि, एवं वर्तिरपि स्वल्पकेन दीपनाशिकेति॥ १३॥

---

(१) एवकारो भिन्नक्रमः प्रत्येकं संबध्यते, सत्त्वमेव रज एव तम एवेति।

(२) पुरुषार्थत इति यावत्, तथा च वक्ष्यति पुरुषार्थ एव हेतुर्न केनचित् कार्यते करणमिति।

अविवेक्यादेः(१)सिद्ध-
स्त्रैगुण्यात् तद्विपर्ययाभावात् ।
कारणगुणात्मकत्वात्
कार्यस्याव्यक्तमपि सिद्धम् ॥ १४ ॥

अविवेकित्वादिकं प्रकृत्यादिसाधर्म्यमुक्तं तत् कथं तेषु (२) सिद्धमित्यत आह अविवेक्यादेरिति । अत्राविवेक्यादेरिति धर्मपरः, अविवेकित्वादिकं प्राङ्निरुक्तं महदादिष्वबाधितम, कुतः, त्रैगुण्यात्, प्रकृतिवत् त्रिगुणत्वात् (३) । व्यतिरेकसहकारेणैव येऽनुमानमिच्छन्ति तान् प्रत्याह तद्विपर्ययेति, तस्याविवेकित्वस्य विपर्ययो यत्र स तद्विपर्यय आत्मा तत्र त्रैगुण्याभावात्, तथा च यत्राविवेकित्वाभावस्तत्र त्रैगुण्याभावः० आत्मवदिति व्यतिरेकव्याप्तिरस्त्येव । अतस्तत्सिद्धि (४) रव्यबाधितैवेति भावः । ननु प्रकृत्यनन्यत्वं महदादीनामुक्तं प्रकृतिसिद्धिरेव तु कुतस्तत्राह कार्यस्येति, महत्तत्त्वादीनां कारणाभावे नित्यत्वापत्त्यात्मनोऽनिर्मोक्ष एव स्यादिति जन्यत्वमेवावश्यकम, जन्यं च तत्समानजातीयगुणककारणकमेव वाच्यं तथैवानुभवात्, कारणं च तन्नित्यमेव तस्यापि कारणस्वीकारेऽनवस्थापत्तिः स्यात्, अतोऽव्यक्तं प्रधानमपिना तत्त्रैगुण्यं च सिद्धमित्यर्थः ॥ १४ ॥

भेदानां परिमाणात् (१)
समन्वयात् (२) शक्तितः प्रवृत्तेश्च ।
कारणकार्यविभागा-
दविभागाद्वैश्वरूप्यस्य ॥ १५ ॥

महदादिभ्यो भेदेन प्रधानं हेतुभिः साधयति भेदानामिति ।

---

(१) अविवेकित्वादिकम् ।

(२) प्रकृत्यादिषु ।

(३) तथा च प्रयोगः, इदं व्यक्तमविवेक्यादियोगि त्रिगुणात्मकत्वादव्यक्तवदिति ।

(४) महदादौ त्रैगुण्यस्य सिद्धिरित्यर्थः ।

कारणमस्त्यव्यक्तमित्युत्तरेणान्वेति, भिद्यन्त इति भेदा महदादयस्तेषां परिमाणात् परिमितत्वादव्यापित्वात्, अनेकत्वरूपभेदवत्त्वाद्वा, यद् यदनेकमव्यापि च तत् तत् कार्यम्, भवति च महदादिकं प्रतिपुरुषनियतत्वादनेकमव्यापि च, अतस्तत्कारणं योग्यतया नित्यमेकं प्रधानमेवेति भावः। हेत्वन्तरमाह समन्वयात्, सुखदुःखमोहान्वितत्वरूपसमानधर्मवत्त्वादित्यर्थः, व्यावृत्तानामेषां (३) तत्समानस्वभावैककारणकत्वमावश्यकम्, तच्च कारणं योग्यतया प्रधानमेवेति भावः। इतश्चाऽस्ति प्रधानमित्याह शक्तितः प्रवृत्तेश्चेति, शक्तिमत्त्वादेव कार्यानुकूलप्रवृत्तिसंभवात् कारणानाम्, शक्तेश्च प्रकृतिरेवापूरिका, यतः कार्यं महद्भवति, यथा मृदापूराद् बीजं वृक्षादिरिति (४) भावः। इतश्चास्ति प्रधानमित्याह कारणकार्यविभागादिति, कारणे सतः कार्यस्यैव कूर्माङ्गानामिव निःसरणरूपपृथग्भावादिरूपविभागान्महदादिकार्यस्य तादृशतादृशावस्थाहेतुरव्यक्तमेवेति भावः। इतश्चास्ति प्रधानमविभागाद्वैश्वरूप्यस्य, अत्र स्वार्थे ष्यञ्. विश्वरूपस्य त्रिलोकस्याविभागात् (५), प्रलये कारणेनैकीभावरूपाल्लयादित्यर्थः, तादृशकारणं विना तेषां भिन्नानामेकीभावरूपो लय एव न स्यादिति भावः। न च ब्रह्मैव तादृशकारणमस्तु कृतं प्रधानेनेति वाच्यम, तस्य (६) शक्तिमत्त्वेन कारणत्वकल्पनापेक्षया शक्तित्वेन प्रधानकल्पनाया एवोचितत्वादिति संक्षेपः॥ १५॥

---

(१) अत्रेदमनुमानं विवादाध्यासिता भेदा अव्यक्तकारणवन्तः परिमितत्वाद् घटादिवदिति, घटादयो हि परिमिता मृदाद्यव्यक्तकारणका दृष्टाः, उक्तमेतद्यथा कार्यस्याव्यक्तावस्था कारणमेवेति, यन्महतः कारणं तत् परमाव्यक्तं ततः परतराव्यक्तकल्पनायां प्रमाणाभावात् ।

(२) इतश्च विवादाध्यासिता भेदा अव्यक्तकारणवन्तः समन्वयात्, भिन्नानां सरूपता समन्वयः, सुखदुःखमोहसमन्विता हि बुद्ध्यादयोऽध्यवसायादिलक्षणाः प्रतीयन्ते, यानि च यद्रूपं समनुगतानि तानि तत्स्वभावाव्यक्तकारणकानि, यथा मृद्धेमपिण्डं समनुगता घटमुकुटादयो मृद्धेमपिण्डाव्यक्तकारणका दृष्टा इति ।

(३) परस्परं भिन्नानां महदादीनाम् ।

(४) बीजं वृक्षादिरूपेण परिणमत इत्यर्थः ।

(५) त्रिलोक्या इत्युचितम्, एवमन्यत्रापि ज्ञेयम् ।

(६) ब्रह्मणः ।

कारणमस्त्यव्यक्तं
प्रवर्तते त्रिगुणतः समुदयाच्च ।
परिणामतः सलिलवत्
प्रतिप्रतिगुणाश्रयविशेषात् ॥ १६ ॥

ननु यद्येकं प्रधानं कथं तर्हि तस्माद्विविधकार्योत्पत्तिः, नह्येकन्तुतः पटो दृश्यते तत्राह कारणमिति । यदव्यक्तं जगतः कारणमस्ति तत् त्रिगुणातः प्रवर्तते सत्त्वादिगुणत्रयात् प्रवर्तते कार्यं जनयति, तथा च गुणत्रयात्मके प्रधाने बहुत्वमस्त्येव, अतो नानुपपत्तिरिति भावः । एकजातीयजनकता कथं तत्राह समुदयाच्चेति (१), मेलनाच्चेत्यर्थः, गुणप्रधानभावेन (२) मिलित्वा चित्ररूपमिवैकं कार्यं जनयतीति भावः । भवतु महदादि कार्यमेकजातीय कार्यान्तरेषु वैषम्यं तु कुतस्तत्राह प्रतिप्रतीति, एकैकगुणाश्रयेण यो विशेषस्तस्मादित्यर्थः, गुणवैषम्याद्वैषम्यमिति भावः । तत्र दृष्टान्तः परिणामतः सलिलवदिति, यथा सलिलमेकमपि नारिकेलजम्बीरादिपरिणामभेदान्मधुरतिक्तादिभावं प्रतिपद्यते तद्वदिदमपि सहकारिभेदादेव विषमेति भावः ॥ १६ ॥

संघातपरार्थत्वात्
त्रिगुणादिविपर्ययादधिष्ठानात् ।
पुरुषोऽस्ति भोक्तृभावात्
कैवल्यार्थं प्रवृत्तेश्च ॥ १७ ॥

प्रधाने प्रमाणमुक्त्वा पुरुषे प्रमाणमाह संघातेति । पञ्चम्यन्तपञ्चहेतूनां (३) पुरुषोऽस्तीत्यनेनान्वयः, संघातः पृथिव्यन्तसमूहस्तस्य शय्यादिवत् परार्थत्वात् परप्रयोजनार्थत्वात् प्रयोजनं च सुखदुःखान्यतरसाक्षात्काररूपो भोगः, तस्य च जडे बाधाच्चेतनस्तद्वान् पुरु-

---

(१) समित्योदयः समुदयः ।

(२) गौणमुख्यभावेन ।

(३) पञ्चम्यन्तानां पदानां हेतूनामित्युचितम् ।

योऽस्ति, युक्तिप्रमाणादिति भावः। हेत्वन्तरमाह त्रिगुणादिविपर्ययादिति, त्रयो गुणा यस्यादिरसौ त्रिगुणादिस्तस्य त्रिगुणादे (१) र्विपर्ययोऽभावस्तस्मात्, त्रिगुणतत्कार्यस्य जडत्वात् कार्यविशेषे (२) ऽकारणत्वाच्च किंचित्त्रिगुणाभावप्रतियोगित्वं घटादेरिवावश्यकम्, सर्वस्य त्रिगुणस्याभावस्त्वत्रिगुणे पुरुष एव संभवति, अतस्त्रिगुणाभावाधिकरणत्वेन पुरुष आवश्यक इति भावः हेत्वन्तरमाह० अधिष्ठानादिति, अधिष्ठातृत्वादित्यर्थः, यथा रथः सारथिनाधिष्ठितः प्रवर्तते तद्वदिदमपि सर्वं जडत्वात् पुरुषाधिष्ठितमेव प्रवर्तत इत्यकामेनाप्यवश्यं वाच्यम्, अतस्त्रिगुणाधिष्ठातृतया पुरुषोऽस्तीति भावः। हेत्वन्तरमाह भोक्तृभावादिति, साक्षित्वादित्यर्थः, यस्येदं व्यक्ताव्यक्तं सर्वं षड्रसादिवदनुभवनीयं स पुरुष आवश्यक इति भावः। हेत्वन्तरमाह कैवल्यार्थं प्रवृत्तेश्चेति, शिष्टा मुक्तौ प्रवर्तमाना दृश्यन्ते, मुक्तिश्च प्रकृत्यादिषु मध्ये न कस्य चिदपि संभवति त्रिगुणत्वेन सुखदुःखमोहात्मत्वात्, तस्मान्मुमुक्षुप्रवृत्त्युद्देश्यमोक्षाश्रयत्वेन पुरुषसिद्धिरिति संक्षेपः॥ १७॥

जन्ममरणकरणानां
प्रतिनियमादयुगपत् प्रवृत्तेश्च।
पुरुषबहुत्वं सिद्धं
त्रैगुण्यविपर्ययाच्चैव॥ १८॥

तदेवं पुरुषास्तित्वं प्रतिपाद्य तस्य बहुत्वं प्रतिपादयति जन्ममरणेति। पुरुषबहुत्वं सिद्धम्, कस्मात्, जन्ममरणकरणानां प्रतिनियमात्, आत्मनि देहसंबन्धो जन्म तत्त्याग एव मरणं करणानि चक्षुरादीनि० एषां प्रतिनियमः प्रत्येकमेव दर्शनं तस्मात्, आत्मन एकत्वे तन्न स्यात्, एकस्मिन् जाते मृते वा सर्व एव जाता मृता वा स्युः एकस्मिन् सचक्षुषि सर्व एव सचक्षुषः स्युः, एकेन दृष्टे सर्वे द्रष्टारः स्युः, न च तथा, तस्माद्बहवः पुरुषा इति भावः। हेत्वन्त-

---

(१) गुणादिप्रपञ्चस्य।

(२) जलानयनादिरूपे कार्यविशेषे घटस्य कारणत्वं नान्यत्र।

रमाह अयुगपत् प्रवृत्तेश्चेति, एकस्य धर्मेऽन्यस्य ज्ञानेऽन्यस्य वैराग्येऽन्यस्यैश्वर्येऽन्यस्य कामादाविलेवं प्रवृत्तिभेदादित्यर्थः, आत्मन एकत्वे सर्वेषामेकस्मिन्नेवार्थे युगपत् प्रवृत्तिः स्यात, न च तथा, तस्मादपि बहवः पुरुषा इति भावः । हेत्वन्तरमाह त्रैगुण्यविपर्ययाच्चैवेति, एवकारोऽत्र भिन्नक्रमः सिद्धमित्यस्यानन्तरं द्रष्टव्यः, सिद्धमेव नासिद्धम, त्रयो गुणास्त्रैगुण्यं तस्य विपर्ययः परिणामभेदः क्वचित् सुखमेव क्वचिद्दुःखमेव क्वचिन्मोह एवेत्येवंविधस्तस्मात, यद्वा त्रैगुण्येन विपर्ययो भेदः सात्त्विकराजसतामसभेदेन पुरुषस्य तस्मात्, एकत्वपक्षे तु तन्न स्यात् किं तु सर्वे सुखिनो दुःखिनो वा स्युः, एवं त्रिगुणभेदेन नीचोत्तममध्यमव्यवस्थापि न स्यात्, नचान्तःकरणभेदात् तथेति वाच्यम, अन्तःकरणभेदे पुरुषभेदस्यैव बीजत्वात्, अन्यथा तद्भेदस्याप्रमाणकत्वादिति भावः ॥ १८ ॥

तस्माच्च विपर्यासात्
सिद्धं साक्षित्वमस्य पुरुषस्य ।
कैवल्यं माध्यस्थ्यं
द्रष्टृत्वमकर्तृभावश्च ॥ १९ ॥

एवं पुरुषबहुत्वं प्रसाध्य विवेकज्ञानोपयोगितया तस्य धर्मानाह तस्मादिति । त्रिगुणादेर्यो विपर्यासोऽत्रिगुणत्वं विवेकित्वमविषयत्वमसाधारणत्वमप्रसवधर्मित्वं च तस्मात्, तत्र चेतनत्वाद्द्रष्टृत्वं (१) स्वप्रकृतिशीलज्ञातृत्वं प्रकृतिर्मम संसारं कारयति न त्वहं संसारवान् किं तु पुष्करपलाशवन्निर्लिप्त इति धीमत्त्वम्, अत्रैगुण्यात, कैवल्यमात्यन्तिकदुःखशून्यत्वम्, तथा माध्यस्थ्यमुपकारापकारशक्तिरहितत्वम, अकर्तृभावोऽकर्तृत्वमिच्छाद्वेषप्रयत्नादिशून्यत्वम्, अत एव साक्षित्वं ज्ञानैकस्वरूपत्वम्, कर्तृत्वादिमत्त्वे तदवभासक (२) ज्ञानैकरूपो न स्यात, तद्धर्मशून्यस्यैव (३) दीपस्य घटादौ तदवभासकत्वदर्शनात्, इति संक्षेपः ॥ १९ ॥

---

(१) चेतनो हि द्रष्टा भवति नाचेतनः । (२) कर्तृत्वाद्यवभासकम् ।

(३) कर्तृत्वादिधर्मशून्यस्य दृश्यधर्मशून्यस्यैव दृश्यधर्मावभासकत्वं दृश्यते ।

तस्मात् तत्संयोगा-
दचेतनं चेतनावदिव लिङ्गम् ।
गुणकर्तृत्वेऽपि तथा
कर्तेव भवत्युदासीनः ॥ २० ॥

ननु कृतिर्बुद्धितत्त्वनिष्ठा चैतन्यमात्मनिष्ठं कथं तर्हि जानाम्यहमिदं करोमीति कृतिचैतन्ययोः सामानाधिकरण्यप्रतीतिस्तत्राह तस्मादिति । यतश्चैतन्यकर्तृत्वे भिन्नाधिकरणके युक्तितः सिद्धे तस्माद्भ्रान्तिरियमित्यर्थः, भ्रान्तिबीजं तत्संयोगः, तत्संयोगादिति तस्य पुरुषस्य संयोगः संनिधानं प्रतिबिम्बवत्त्वं तस्मादचेतनमपि लिङ्गं बुद्धितत्त्वं चेतनावदिव जानामीति ज्ञानावदिव भवति, एवं गुणकर्तृत्वे, गुणाः सुखदुःखमोहरूपाः, कर्तृत्वं च तथा बुद्धिनिष्ठमात्मनि प्रतिबिम्बितं भवति, तेनोदासीनोऽपि पुरुषः करोमीति कर्तेव भवति, अतोऽहं जानाम्यहमिदं करोमीति प्रत्ययो धर्मिणोर्भेदाग्रहाद्विनिमयेन धर्मसंसर्गग्रहरूपो भ्रम एव, तयोस्तथात्वानिश्चयात्, इति संक्षेपः ॥ २० ॥

पुरुषस्य दर्शनार्थं
कैवल्यार्थं तथा प्रधानस्य ।
पङ्ग्वन्धवदुभयोरपि
संयोगस्तत्कृतः सर्गः ॥ २१ ॥

किमर्थं तयोः संयोगस्तत्राह पुरुषस्येति । पुरुषस्य प्रधानस्य चोभयोरपि संयोगो दर्शनार्थं कैवल्यार्थं चेत्यन्वयः, दर्शनं भोगः प्रधानस्य पुरुषेण, कैवल्यं मोक्षः सत्त्वपुरुषान्यताख्यातिनिबन्धनः(१) पुरुषस्य, प्रधानेन विनाऽसंभवात् तयोः प्रधानपुरुषयोर्द्वयोः संयोगो भोक्तृभोग्यभावकरं संनिधानं भवतीत्यर्थः । उभयस्य कार्यं० उभयस्यैवापेक्षेत्यत्र दृष्टान्तः पङ्ग्वन्धवदिति, यथा पङ्ग्वन्धयोरेकत्र मेलन पङ्गुरन्धस्य मार्गप्रदर्शनायान्धश्च पङ्गोर्नयनाय भवति तद्वदित्यर्थः । भोगापवर्गयोर्द्वारभूतः सर्गोऽपि संयोगादेवेत्याह तत्कृत

---

(१) सत्त्वाद् बुद्धेः पुरुषस्यान्यताख्यातिर्भेदस्तन्निबन्धनो भेदप्रयुक्तो मोक्षः ।

इति, महदादिलक्षणः सर्गः संयोगजन्य एवेत्यर्थः, अत एव प्रलये न सर्गः, तयोस्तादृशसंयोगाभावादिति भावः ॥ २१ ॥

प्रकृतेर्महांस्ततोऽहं-
कारस्तस्माद्गणश्च षोडशकः ।
तस्मादपि षोडशकात्
पञ्चभ्यः पञ्च भूतानि ॥ २२ ॥

सर्गक्रममाह प्रकृतेरिति । अत्रेयं प्रक्रिया, एकं प्रकृतितः किंचिन्न्यूनपरिमाणं महत्तत्त्वमंशांशिभावापन्नं जायते, तत्रांशा बुद्धितत्त्वाख्या आत्मसमसंख्याः शरीरप्रवेशार्हपरिमाणका जीवभोगाय भवन्ति, तेषामापूरिका प्रकृतिरिव, एवमहंकारो महत्तत्त्वादल्पपरिमाणोऽशांशिभावापन्नो भवति, तत्रांशाः सूक्ष्मा आत्मसमसंख्यास्तथैव तद्भोगाय भवन्ति, षोडशको गणस्तु एकादशेन्द्रियाणि वक्ष्यमाणानि शब्दादीनि पञ्च तन्मात्राणि च, तस्मादपि (१) षोडशकात् तं षोडशकं प्राप्य स्थितेभ्यः पञ्चभ्यस्तन्मात्रेभ्यः पञ्च महाभूतानि भवन्ति, तत्र शब्दतन्मात्रादाकाशं तस्य शब्दो गुणः, शब्दतन्मात्रसहितात् स्पर्शतन्मात्राद्वायुः शब्दस्पर्शगुणवान्, शब्दस्पर्शतन्मात्रसहिताद्रूपतन्मात्रात् तेजः शब्दस्पर्शरूपगुणकम्, शब्दस्पर्शरूपतन्मात्रसहिताद्रसतन्मात्राज्जलं शब्दस्पर्शरूपरसगुणम, शब्दस्पर्शरूपरसतन्मात्रसहिताद्गन्धतन्मात्रात् पृथ्वी शब्दस्पर्शरूपरसगन्धगुणेति, अत्र संग्रहः, "वियदेकगुणं प्रोक्तं द्वौ गुणौ मातरिश्वनः । त्रयस्तेजसि चत्वारः सलिले पञ्च भूमिगाः" ॥ इति, अहंकारादेव पञ्च महाभूतानि भवन्त्विति तु न वक्तुं शक्यं शब्दादिगुणकानां तेषामहंकारत उत्पत्तेरसंभवात्, अहंकारस्य शब्दाद्यभावात्, न चाहंकारस्य पञ्चगुणवत्त्वे मानमस्ति, तथा सत्याकाशादीनां पञ्चानामेव पञ्चगुणवत्त्वं स्यात्, एवं बाह्येन्द्रियग्राह्यगुणवत्त्वस्यैव भूतत्वेन तस्यापि भूततापत्तौ स्वस्य स्वकारणत्वानुपपत्त्या तस्य (२) भूतकारणत्वश्रुतिविरोधश्च

---

(१) ल्यब्लोपे पञ्चमी ।
(२) अहंकारस्य ।

स्यात्, न चाहंकारस्य शब्दाद्यभावे कथं तस्माच्छब्दादितन्मात्रोत्पत्तिरिति वाच्यम, हरिद्रादीनां चूर्णादिसंयोगेन तदुभयारब्धे रक्तरूपवन्महदहंकारादिसंयोगेन शब्दतन्मात्राद्युत्पत्तिसंभवात्, न च स्थूलानामप्येवमहंकारादुत्पत्तिर्वक्तुं शक्येति वाच्यम, स्वविशेषगुणवद्द्रव्योपादानकत्वव्याप्येन (१) स्थूलत्वेन परिशेषात् सूक्ष्मद्रव्यारब्धत्वानुमानादहंकारोपादानकत्वनिरासात् । इत्याद्यन्यत्र विस्तरः । तन्मात्रत्वं च यज्जातीयेषु (२) शान्तघोरमूढाख्यविशेषत्रयं न तिष्ठति तज्जातीयनश्नाश्रय(३)शब्दस्पर्शरूपरसगन्धाश्रयसूक्ष्मद्रव्यत्वम, शान्तं सुखात्मकम, घोरं दुःखात्मकम्, मूढं मोहात्मकम्, तन्मात्राणि च देवादियोग्यत्वेन केवलं सुखात्मकान्येव सुखाधिक्यात् । सूक्ष्मत्वात् त्वयोग्यतया तेषामस्मदाद्यग्राह्यत्वमिति तत्त्वम् ॥२२॥

अध्यवसायो बुद्धि-
धर्मो ज्ञानं विराग ऐश्वर्यम् ।
सात्त्विकमेतद्रूपं
तामसमेतद्विपर्यस्तम् ॥ २३ ॥

बुद्धेर्लक्षणमाह० अध्यवसायो बुद्धिरिति । अध्यवसायो मयेदं कर्तव्यमित्याकारनिश्चयो दीपशिखेव बुद्धिपरिणामो(४) ऽवस्थाविशेषः, परिणामपरिणामिनोरभेदादभेदप्रयोगः, चैतन्यस्य (५) स-

---

(१) स्वस्मात् कार्याद्विशेषगुणो विद्यते यस्मिन् द्रव्ये तत् स्वविशेषगुणवद् द्रव्यं तदेवोपादानं यस्य तत् स्वविशेषगुणवद्द्रव्योपादानकं तस्य भावः स्वविशेषगुणवद्द्रव्योपादानकत्वं तेन व्याप्यं स्वविशेषगुणवद्द्रव्योपादानकत्वव्याप्यं तेन । स्थूलत्वं व्याप्यं स्वविशेषगुणवद्द्रव्योपादानकत्वं च व्यापकत्वम्, यत्र स्थूलत्वं तत्र स्वविशेषगुणवद्द्रव्योपादानकत्वम् स्वशब्देन महाभूतानि तत्र यो विशेषगुणः शब्दादिस्तद्वद् यद् द्रव्यं तदुपादानं यस्य तत् तस्य भावस्तत्त्वम् ।

(२) शब्दत्वादिजातीयेषु ।

(३) मात्राद्यनाश्रय— ।

(४) यथा दीपशिखा क्षणे क्षणे परिणमति, एवं बुद्धेः परिणामः ।

(५) चैतन्यस्य विषयाणामवभासो ज्ञानं तस्य वैषम्यायेन्द्रियाणामावश्यकत्वम्, मनसो वा सन्निपत्य चावश्यकत्वम्, एवमन्येऽपि योज्यम् ।

दैकस्वभावस्य विषयावभासवैचित्र्यायेन्द्रियाणां व्यासङ्गोपपत्तये मनसो मदिष्टसाधनत्वबुद्धौ मदंशभानायाहंकारस्य कृत्यसाध्ये वृष्ट्यादौ प्रवृत्तिवारकस्याकर्तव्यत्वाध्यवसायस्य संभवाय बुद्धितत्त्वस्यावश्यकत्वमिति स्वयमूह्यम् । बुद्धिधर्मानाह धर्मो ज्ञानमिति । धर्मो गङ्गास्नानादिजन्योऽष्टाङ्गयोगजन्यश्च, ज्ञानमात्मसाक्षात्कारः, विरागो वैराग्यम्, तच्चतुर्विधं यतमानव्यतिरेकेन्द्रियवशीकारसंज्ञाभेदात्, तत्र रागादिकषायपाचनार्थं निवृत्तिधर्मारम्भो यतमानम्, पक्वापक्वानां दोषाणामभ्यस्यमानविवेकबलेन चिकित्सकवच्छेदकरणं व्यतिरेकः, पक्वसर्वकषायज्ञानेन चित्तोत्सुकता (१) एकेन्द्रियम्, सर्वविषयतृष्णाराहित्येनौत्सुक्यस्यापि निवृत्तिर्वशीकाराख्यम् । ऐश्वर्यमिति, तदष्टविधम्, तदुक्तम्, "अणिमा महिमा मूर्तेर्लघिमा प्राप्तिरिन्द्रियैः । प्राकाम्यं श्रुतदृष्टेषु शक्तिप्रेरणमीशिता ॥ गुणेष्वसङ्गो वशिता यत्कामस्तदवस्यति" । इति । मूर्तेः शरीरस्य, अणिमा० अणुत्वम्, महिमा योजनादिव्यापित्वम्, लघिमा तूलादिवल्लघुत्वम्, भूमिष्ठस्याङ्गुल्यग्रेण चन्द्रमसं स्पृशतीत्यादिरूपसामर्थ्यमिन्द्रियैः प्राप्तिरित्युच्यते, श्रुतदृष्टेषु प्राकाम्यमिच्छानभिघातः० यथा भूमौ जलेष्विव निमज्जतीत्यादि, ईशिता तु भूतभौतिकानां सर्वेषां संकल्पमात्रेण प्रेरणम्, वशिता गुणभूताद्यनधीनता सत्यसंकल्पता यत्कामस्तदवस्यति तत् प्राप्नोतीत्यनेनोक्तम् । एतद्विपर्यस्तम० एतद्विपरीतम्, अधर्माज्ञानावैराग्यानैश्वर्यरूपम्, तत्राधर्मः परस्त्रीसङ्गादिजन्यः, अज्ञानमनित्ये गृहक्षेत्रादौ नित्यबुद्धिः, अशुचौ स्त्रीकायादौ शुचिबुद्धिः, दुःखे संसारे सुखबुद्धिः, अनात्मनि देहादावात्मबुद्धिर्गौरोऽहमित्यादिका अवैराग्यं विषयतृष्णा, अनैश्वर्यं स्वाभिप्रेतविपरीतम् ॥ २३ ॥

अभिमानोऽहंकार-
स्तस्माद् द्विविधः प्रवर्तते सर्गः ।
ऐन्द्रिय एकादशक-
स्तन्मात्रापञ्चकश्चैव ॥ २४ ॥

---

(१) विषयाणां चित्ते केवलमुत्सुकता ।

अहंकारस्य लक्षणमाह० अभिमानोऽहंकार इति । अभिमानोऽहमित्यन्तर्भावेन प्रत्ययोऽहमिमं जानामि करोमि मदिष्टसाधनमिदमत्राहमधिकृत इत्याद्याकारस्तस्य हेतुः (१) कार्यकारणयोरभेदादभिमानोऽहंकारः, अहमित्यव्यपदेश्यं पुरुषमहमिति व्यपदेश्यं करोतीति तादृशः, तन्निष्ठमहंकारत्वं भेदाग्रहात् पुरुषेऽपि भासते न तु सोऽप्यहंकार इत्यभिप्रायः । तस्य कार्यभेदमाह तस्माद् द्विविध इति । तस्मादहंकारात् सर्गः, सृज्य इति सर्गः प्रपञ्चः, पोडशकगुणरूप अवान्तरव्यूहभेदेन द्विप्रकारः प्रवर्तते० उत्पद्यते । प्रकारद्वयमाह० ऐन्द्रिय इति । तत्र तस्मादहंकारादैन्द्रिय इन्द्रियजातीय एकादशको गणः, एकादशसंख्याको व्यूहः, च पुनः, तन्मात्रापञ्चकस्तन्मात्राजातीयः । एवकारो गणान्तरव्यवच्छेदकः ॥ २४ ॥

सात्त्विक एकादशकः
प्रवर्तते वैकृतादहंकारात् ।
भूतादेस्तन्मात्रः
स तामसस्तैजसादुभयम् ॥ २५ ॥

ननु कथमेकस्मादहंकाराद् द्विविधः सर्गस्तत्राह सात्त्विक इति । प्रकाशलघिमभ्यामेकादशक इन्द्रियगणः सात्त्विकः० उद्रिक्त (२) सत्त्वगुणाकाद् वैकृताद् विकृतोऽयमहंकार इति सांख्याचार्यसंकेतविषयादहंकारात् प्रवर्तते, भूतादेस्तामसादुद्रिक्ततमोगुणकादहंकारात् तन्मात्रको गणः प्रवर्तते, कस्मात्, यतः स तामसः, तामसगुणस्य समानजातीयकारणादेवोत्पत्तेरौचित्यात् । ननु यदि सत्त्वतमोभ्यामेव कार्यं तदा रजसः किं प्रयोजनं तत्राह तैजसादुभयमिति । उत्कटरजोगुणका (३) दुभयम्, गणद्वयं भवति, सत्त्वतमसोः स्वतोऽक्रियत्वेन रजःप्रेर्यत्वात् तदुभयकार्यं रजःकार्यमेव, अतो रजोगुणोऽप्यावश्यक इति भावः । तत्रेन्द्रियजनकस्य वैकृतत्वकथनं

---

(१) तस्याभिमानस्य हेतुरहंकारः ।

(२) उद्रिक्तत्वमुत्कटत्वम् ।

(३) अहंकारादिति विशेष्यं ज्ञेयम् ।

लघुकार्यजनकत्वाभिप्रायकम्, तन्मात्रजनकस्य भूतादित्वकथनं तामसत्वमहाकार्यजनकत्वाद्यभिप्रायकम्, रजोगुणकस्य तैजसत्वकथनं सृष्टिसमर्थत्वाभिप्रायकम, इति बोध्यम् ॥ २५ ॥

बुद्धीन्द्रियाणि चक्षुः-
श्रोत्रघ्राणरसनत्वगाख्यानि ।
वाक्पाणिपादपायू-
पस्थाख्यकर्मेन्द्रियाण्याहुः ॥ २६ ॥

एकादशेन्द्रियाणां मध्ये दश बाह्येन्द्रियाणि, तान्याह बुद्धीन्द्रियाणीति । शब्दस्पर्शरूपरसगन्धा बुध्यन्त एतैरिति बुद्धीन्द्रियाणि चक्षुरादीनि रूपाद्युपलब्धिहेतुत्वेन सिद्धान्यतीन्द्रियाणि तत्तद्गोलकाधिष्ठितानि । तत्र चक्षुः० चष्टेऽनेनेति व्युत्पत्त्या चक्षुःपदाभिधेयं नयनं रूपादिषु मध्ये रूपस्यैव ग्राहकम, श्रोत्रं शृणोत्यनेनेति व्युत्पत्त्या श्रोत्रपदाभिधेयं कर्णविवरसंज्ञकं शब्दादिषु मध्ये शब्दस्यैव ग्राहकम्, घ्राणं जिघ्रत्यनेनेति व्युत्पत्त्या घ्राणपदाभिधेयं गन्धादिषु मध्ये गन्धस्यैव ग्राहकम्, रसनं रसयत्यनेनेति व्युत्पत्त्या रसनपदाभिधेयं रसादिषु मध्ये रसस्यैव ग्राहकम्, त्वक् स्पर्शं स्पृशत्यनेनेति व्युत्पत्त्या स्पर्शपदाभिधेयं त्वक्स्थानीयत्वात् त्वगिन्द्रियं सर्वशरीरव्यापि स्पर्शादिषु मध्ये स्पर्शस्यैव ग्राहकम्, तत्र त्वक्चक्षुषी द्रव्यस्यापि ग्राहके, अन्यानि तु गुणमात्रग्राहकाणीति विवेकः । वागादीनि कर्म कुर्वन्तीति कर्मेन्द्रियाणि, तद्विषया वक्ष्यन्ते । एतेषां सर्वेषामिन्द्रियसंज्ञा कुत इति चेत्, इंपदेन विषयास्तान् प्रति द्रवन्तीति व्युत्पत्त्येति गृहाण । चक्षुरादीनां तत्तद्भूतगुणग्राहकत्वेन तत्तद्भूतारब्धत्वानुमानं तु न साधीयोऽप्रयोजकत्वादिति (१) स्वयमूह्यम् ॥ २६ ॥

---

(१) अप्रयोजकत्वमज्ञापकत्वादित्यर्थः ।

उभयात्मकमत्र मनः
संकल्पकमिन्द्रियं च साधर्म्यात् ।
गुणपरिणामविशेषा-
न्नानात्वं बाह्यभेदाश्च ॥ २७ ॥

एकादशमिन्द्रियं मनस्तल्लक्षणमाह० उभयात्मकमिति । मनः संकल्पकमिन्द्रियं संकल्पकम्, सामान्यत इन्द्रियेण गृहीतमर्थं सम्यक् कल्पयति विशेषणविशेष्यभावेन चेतयतीति विशिष्टधीजनकं कार्यकारणयोरभेदात् तदात्मकम्, अत एवोभयात्मकम्, बुद्धीन्द्रियसहकारित्वात् तदात्मकम (१), कर्मेन्द्रियसहकारित्वात् कर्मेन्द्रियात्मकं च, मनोऽधिष्ठानेनैव तेषां स्वकार्यजननात् । ननु भवतु मनो महदहंकारवत् तत्तदिन्द्रियसहकारि, परंतु तद्वदेव (२) नेन्द्रियं भवितुमर्हति तावन्मात्रेण (३) तस्येन्द्रियत्वेऽतिप्रसङ्गा(४)त्, तत्राह इन्द्रियं चेति । कुतः, साधर्म्यात्, इन्द्रियान्तरैः सात्त्विकाहंकारोपादानत्वं साधर्म्यं तस्मात्, महदहंकारयोस्तु नेन्द्रियत्वं तथा (५) त्वाभावादिति भावः । एतेन मनो नेन्द्रियं प्रत्यक्षत्वादिन्द्रियस्य चातीन्द्रियत्वादिति वदतां केषांचिन्मतमसम्यगिति ध्वनितम्, इन्द्रियलक्षणस्य स्वमते प्रकृतसाधर्म्यस्यातीन्द्रिय (६) त्वविशेषणागर्भितत्वादित्यास्तां विस्तरः । ननु कथं सात्त्विकादहंकारादेकस्मादेकादशेन्द्रियाणि तत्राह गुणपरिणामेति । गुणानां सत्त्वादीनां यः परिणामविशेषोऽदृष्टविशेषादिरूपस्तस्मात्, तथा च सहकारिभेदात् कार्यभेद इति भावः । बाह्यभेदाश्चेति दृष्टान्तार्थम्, यथा बाह्यभेदास्तथैतदपीति भावः । ग्राह्यभेदाश्चेति पाठे तु ग्राह्यभेदादपीन्द्रियभेद आवश्यको बोध्य इत्यर्थः ॥ २७ ॥

---

(१) बुद्धीन्द्रियात्मकम् ।

(२) महदहंकारवदेव ।

(३) इन्द्रियसहकारित्वमात्रेण ।

(४) इन्द्रियसहकारित्वेन मनस इन्द्रियत्वं चेत् तदेन्द्रियसहकारित्वसाक्षीकादीनामपि भवति तेषामपीन्द्रियत्वं स्यात् ।

(५) साधर्म्याभावात् ।

(६) न चातीन्द्रि[illegible] मति साधर्म्यत्वमिन्द्रियत्वमिति लक्षणं कुर्मः ।

रूपादिषु पञ्चाना-
मालोचनमात्रमिष्यते वृत्तिः ।
वचनादानविहरणो-
त्सर्गानन्दाश्च पञ्चानाम् ॥ २८ ॥

तत्र बाह्येन्द्रियेषु ज्ञानेन्द्रियाणां व्यापारमाह रूपादिष्विति । पञ्चानां बुद्धीन्द्रियाणां चक्षूरसनघ्राणश्रोत्रत्वचां रूपादिषु रूपरसगन्धशब्दस्पर्शेषु० आलोचनं निर्विकल्पकं वृत्तिः फलम्, मात्रपदादादानादिक्रियाव्यवच्छेदः, तत्र चक्षुषो रूपे रसनाया रसे घ्राणस्य गन्धे श्रोत्रस्य शब्दे त्वचःस्पर्शे सामर्थ्यमिति विवेकः । कर्मेन्द्रियव्यापारमाह वचनेति । पञ्चानां कर्मेन्द्रियाणां वचनादीनि कर्माणि, व्यापारा इत्यर्थः । तत्र वचनम्० उच्यतेऽनेनेति कण्ठताल्वादिकर्म (१) वागिन्द्रियस्य, आदानं ग्रहणं हस्तस्य, विहरणं गमनं पादयोः, उत्सर्गो मलत्यागानुकूलं कर्म पायोः, आनन्दः० आनन्दयतीति व्युत्पत्त्या रतिरुपस्थस्य, इति बोध्यम्, ॥ २८ ॥

स्वालक्षण्यं वृत्ति-
स्त्रयस्य सैषा भवत्यसामान्या ।
सामान्यकरणवृत्तिः
प्राणाद्या वायवः पञ्च ॥ २९ ॥

बुद्ध्यहंकारमनसां वृत्तिमाह स्वालक्षण्यमिति । स्वमसाधारणं लक्षणं येषां तानि स्वलक्षणानि महदहंकारमनांसि तेषां भावः स्वालक्षण्यं वृत्तिर्व्यापारः, तत्र महतोऽध्यवसायः, अहंकारस्याभिमानः, मनसः सविकल्पकं संकल्पापरपर्यायं भेदकमित्यर्थः । साधारणत्वासाधारणत्वाभ्यां वृत्तेर्द्वैविध्यमाह सैषेति । एषा वृत्तिः० असामान्या० असाधारणी । सामान्यामाह सामान्येति । सामान्या चासौ करणवृत्तिश्चेति सामान्यकरणवृत्तिः, पञ्च प्राणाद्या वायवः, जीवनादिद्वारा सर्वकरणव्यापारबीजत्वात्, तदन्वयव्यतिरेकानुविधायित्वा-

---

(१) क्रियेत्यर्थः ।

त, इन्द्रियव्यापारस्य च तद्व्यापारान्वयानुविधायित्वात, प्राणादीनां भेदः स्थानभेदादुक्तो ग्रन्थेषु, यथा "हृदि प्राणो गुदेऽपानः समानो नाभिदेशगः। उदानः कण्ठदेशे स्याद् व्यानः सर्वशरीरगः" ॥ इत्यास्तां विस्तरः ॥ २९ ॥

युगपच्चतुष्टयस्य हि
वृत्तिः क्रमशश्च तस्य निर्दिष्टा ।
दृष्टे तथाप्यदृष्टे
त्रयस्य तत्पूर्विका वृत्तिः ॥ ३० ॥

असाधारणेषु व्यापारेषु यौगपद्यक्रमावाह युगपदिति । दृष्टे प्रत्यक्षविषये तस्य चतुष्टयस्य बाह्येन्द्रियमनोऽहंकारमहत्तत्वस्य युगद्वृत्तिः क्रमशश्च भवति, तथाहि विद्युत्संपाते व्याघ्रादाविन्द्रियसंनिकर्षे युगपदेव निर्विकल्पकसविकल्पकाभिमानाध्यवसायाः प्रादुर्भवन्ति, अतस्ततो झटित्यपसरति । क्रमशश्च । यदा मन्दालोके प्रथमं किंचिदिदमिति जानाति पश्चादमुकमिति निश्चिनोति ततो मां प्रत्येतीत्यभिमन्यते० अथाध्यवस्यति० अपसरामीतः स्थानात, इत्येवं क्रमेण तेषामेते व्यापारा भवन्ति । तथाऽदृष्टे परोक्षविषयेऽपि त्रयस्य० इन्द्रिय(१)रहिततत्त्रयस्य युगपत् क्रमशश्च व्यापारा ज्ञेयाः । अनुमानशब्दयोर्विषये इन्द्रियाप्रवृत्तेस्त्रयस्येत्युक्तम, तयोर्विषये निर्विकल्पकाभावात् प्रथमं मनस एव व्यापारः, अनुमानशब्दविषये वृत्तिर्हि तत्पूर्विका दृष्टपूर्विकेति विशेषः । अनुमाने व्याप्तिज्ञानार्थं प्रत्यक्षापेक्षा, शब्दे शक्त्यनुमानापेक्षया प्रत्यक्षापेक्षेति संक्षेपः ॥ ३० ॥

स्वां स्वां प्रतिपद्यन्ते
परस्पराकूतहेतुकां वृत्तिम् ।
पुरुषार्थ एव हेतु-
र्न केनचित् कार्यते करणम ॥ ३१ ॥

---

(१) इन्द्रियमन श्राद्यम ।

ननु युगपत् पक्षो न संभवति, इन्द्रियव्यापाराधीनप्रवृत्तिकत्वान्मनसः, एवमहंकारमहतोर्मनोऽहंकारव्यापाराधीनव्यापारकत्वात्, तत्राह स्वां स्वामिति । आकूतमभिप्रायः स चाचेतनानां बाधित इत्याकूतमत्र प्रवृत्त्युन्मुखत्वम्, तच्चैकस्य (१) व्यापारजननसमय एव, तथा चासति बाधकेऽन्यस्यापि स काल इति यौगपद्यं संभवति, क्रमपक्षे संशयादिरेव बाधक इति बोध्यम् । स्वां स्वां प्रतिपद्यन्त इत्यनेन युगपत् प्रवृत्तावपि याष्टीकशाक्तीकानामिव हेतुभेदान्न वृत्तिसंकर इति ज्ञापितम् । तथापि करणं केन प्रेर्यते तत्राह पुरुषार्थेति । भोगापवर्गलक्षणः पुरुषार्थ एव स्वविषयकेच्छाद्वारा करणव्यापारहेतुरित्यर्थः । कार्यते प्रेर्यते, तत्रेच्छावान् जीवः कर्ता आवश्यकः, ईश्वरस्तु न, तदपेक्षायां मानाभावादिति भावः ॥ ३१ ॥

करणं त्रयोदशविधं

तदाहरणधारणप्रकाशकरम् ।

कार्यं च तस्य दशधा-

हार्यं धार्यं प्रकाश्यं च ॥ ३२ ॥

करणानि कानि तत्राह करणमिति । त्रयोदशविधं बुद्ध्यहंकारौ० एकादशेन्द्रियाणि च, एषां व्यापारानाह० आहरणेत्यादि, तत्राहरणं कर्मेन्द्रियाणाम्, धारणं महदहंकारमनसाम, स्ववृत्तिप्राणादिपञ्चद्वारा देहधारणात, प्रकाशो बुद्धीन्द्रियाणां व्यापारः । विषयाः कतिविधास्तत्राह कार्यं चेति । तस्य त्रयोदशविधस्य, तत्राहार्यं (२) दिव्यादिव्यभेदेन प्रत्येकं द्वैविध्याद्दशधा कर्मेन्द्रियाणाम, एवं धार्यं शरीरादिकमारम्भकभूतानाम् (३) दिव्यादिव्यभेदाद्दशधा, बुद्ध्यहंकारमनसां प्रकाश्यं शब्दस्पर्शरूपरसगन्धाख्यं दिव्यादिव्यभेदाद्दशधा बुद्धीन्द्रियाणाम् ॥ ३२ ॥

---

(१) इन्द्रियस्येत्यर्थः ।

(२) आहार्यं व्याप्यं वचनादानविहरणोत्सर्गानन्दाख्यम् ।

(३) पृथिव्यादीनां पञ्चानाम् ।

अन्तःकरणं त्रिविधं
दशधा बाह्यं त्रयस्य विषयाख्यम् ।
साम्प्रतकालं बाह्यं
त्रिकालमाभ्यन्तरं करणम् ॥ ३३ ॥

त्रयोदशकारणानां भेदमाह ० अन्तःकरणमिति । महदहंकारमनोभेदेन त्रिविधमन्तःकरणम् (१), बाह्यं करणं दशधा पञ्चबुद्धीन्द्रियपञ्चकर्मेन्द्रियभेदात्, त्रिविधस्यान्तःकरणस्य विषयं व्यापारमाख्याति जनयतीति विषयाख्यम, मनोऽहंकारबुद्धीनां व्यापारेषु बुद्धीन्द्रियव्यापारस्योपयोगात, कर्मेन्द्रियव्यापारस्यापि बुद्धीन्द्रियद्वारान्तःकरणव्यापारे उपयोगः, कर्मेन्द्रियव्यापारेण जानिते पदार्थे बुद्धीन्द्रियप्रवृत्त्यान्तःकरणप्रवृत्तेः । बाह्येन्द्रियं किं तत्राह साम्प्रतकालं वर्तमानमात्रविषयकम, बाह्यं बहिरिन्द्रियम, कर्मेन्द्रियस्य तत् (२) परंपरया (३) बोध्यम् । त्रिकालम, अतीतानागतवर्तमानविषयम, तत्रानुमानशब्दसहकारेणातीतानागतविषयकम, इन्द्रियसहकारेण वर्तमानविषयकम, आभ्यन्तरं मनोबुद्ध्यहंकाराख्यम् ॥ ३३ ॥

बुद्धीन्द्रियाणि तेषां
पञ्च विशेषाविशेषविषयाणि ।
वाग्भवति शब्दविषया
शेषाणि तु पञ्चविषयाणि ॥ ३४ ॥

बाह्येन्द्रियाणां विषयान् विवेचयति बुद्धीति । तेषां दशानामिन्द्रियाणां मध्ये बुद्धीन्द्रियाणि, विशेषा योग्या अविशेषा अतीन्द्रियास्त एव विषया येषां तादृशानि, तत्र योग्यायोग्ययोर्ग्रहणं योगीन्द्रियाणाम, योग्यमात्रग्रहणमस्मदादीन्द्रियाणाम् । एवं कर्मेन्द्रियेषु वाक् शब्दविषया तज्जनकत्वात, । शब्दश्च (४) न तन्मात्ररूपस्त-

(१) शरीराभ्यन्तरवृत्तित्वादन्तःकरणम् ।
(२) वर्तमानविषयत्वम् ।
(३) बुद्धीन्द्रियद्वारा ।
(४) वाक्यजन्यशब्दश्च ।

स्याहंकारजन्यत्वात् । शेषाणि पाणिपादपायूपस्थानि पञ्चविषयाणि पाण्याद्याहार्याणां घटादीनां पञ्चशब्दाद्यात्मकत्वादिति ॥ ३४ ॥

सान्तःकरणा बुद्धिः
सर्वं विषयमवगाहते यस्मात् ।
तस्मात् त्रिविधं करणं
द्वारि द्वाराणि शेषाणि ॥ ३५ ॥

बाह्येन्द्रियाणामप्राधान्यं वक्तुमाह सान्तःकरणेति । अन्तःकरणे मनोऽहंकारौ ताभ्यां सहिता बुद्धिः ० यस्मात् सर्वमिन्द्रियोपनीतं विषयं पुरुषोपकारकमवगाहतेऽध्यवस्यति तस्मात् तत् त्रिविधमन्तःकरणं द्वारि (१) द्वारमस्यास्तीति कृत्वा, शेषाणि दशेन्द्रियाणि द्वाराणि (२) साक्षात्परम्परया वेन्द्रियद्वारैवान्तःकरणानां विषयावगाहनात्, द्वारत्वं चान्योपकारकत्वम्, तच्चालोचनद्वारा प्रागुक्तदिशा बोध्यम् ॥ ३५ ॥

एते प्रदीपकल्पाः
परस्परविलक्षणा गुणविशेषाः ।
कृत्स्नं पुरुषस्यार्थं
प्रकाश्य बुद्धौ प्रयच्छन्ति ॥ ३६ ॥

अन्तःकरणेषु बुद्धेः प्राधान्यं वक्तुमाह ० एते प्रदीपकल्पा इति । एते गुणविशेषा गुणानां भेदाः सत्त्वाद्या येषु ते दशेन्द्रिय(३) मनोऽहंकाराः पुरुषस्य कृत्स्नमर्थं प्रकाश्य बुद्धौ प्रयच्छन्ति तत्र प्रकाशयन्ति यथा दीपो घटं प्रकाश्य पुरुषं प्रापयति ॥ ३६ ॥

---

(१) प्रधानम् ।
(२) अप्रधानानि ।
(३) दशसंख्याकेन्द्रिय—इति वरः पाठः ।

सर्वं प्रत्युपभोगं
तस्मात् पुरुषस्य साधयति बुद्धिः ।
सैव च विशिनष्टि पुनः
प्रधानपुरुषान्तरं सूक्ष्मम् ॥ ३७ ॥

बुद्धिरपि न स्वार्था किंतु परार्थैवेत्याह सर्वमिति । सर्वं शब्दादियोग्यं प्रति य उपभोगः पुरुषस्य तं यस्मात् साधयति तस्मात् सा प्रधानापि (१) परार्थैव, न स्वार्थेति भावः । मोक्षहेतुज्ञानजनकत्वादपि सा तथेत्याभिप्रेत्याह सैव पुनर्विवेकदशायां प्रधानपुरुषयोरन्तरं वैलक्षण्यं सूक्ष्मतिदुर्ज्ञेयं विशिनष्टि विषयीकरोति, अध्यवसायरूपत्वाद्बुद्धिरेव तथेति (२) भावः ॥ ३७ ॥

तन्मात्राण्यविशेषा-
स्तेभ्यो भूतानि पञ्च पञ्चभ्यः ।
एते स्मृता विशेषाः
शान्ता घोराश्च मूढाश्च ॥ ३८ ॥

अविशेषविशेषावुक्तौ तौ काविल्यत आह तन्मात्रेति । तन्मात्राणि शब्दादीनि ० अविशेषाः, अयोग्यत्वात्, तेभ्यस्तन्मात्रेभ्यः पञ्चभ्यो भूतानि स्थूलानि पृथिव्यादीनि, एते पृथिव्यादयः ० विशेषाः, योग्यत्वात्, कुतः, शान्ता इति । च एको हेतौ द्वितीयः समुच्चये, यस्मादाकाशादिषु स्थूलेषु केचित् शान्ताः सत्त्वप्रधानतया सुखकराः प्रसन्ना लघवश्च, केचिद्रजःप्रधानतया घोरा दुःखकराः, केचित् तमःप्राधान्यान्मूढा मोहकरा गुरवश्च गुणानां गुणप्रधानभावतो यथेदं तथोपपादितमधस्तात् (३) ॥ ३८ ॥

---

(१) प्रधानमपीति वरः पाठः ।
(२) प्राधान्यवतीति ।
(३) पूर्वम् ।

सूक्ष्मा मातापितृजाः
सह प्रभूतैस्त्रिधा विशेषाः स्युः ।
सूक्ष्मास्तेषां नियता
मातापितृजा निवर्तन्ते ॥ ३९ ॥

एतावन्त एव विशेषा इति न किंत्वन्येऽपि सन्तीत्याह सूक्ष्मेति । सूक्ष्मा लिङ्गशरीराख्याः, मातापितृजाः स्थूलदेहाः, प्रभूताः पर्वतवृक्षाद्याः, विशेषकार्यत्वाद्विशेषाः, तत्र सूक्ष्मदेहाः सूक्ष्मतन्मात्राद्यारब्धत्वात्, मातापितृजास्तु मातापितृभुक्तान्नजशुक्रशोणिताद्यारब्धत्वात्, प्रभूतास्तु तद्विलक्षणकारणकत्वात्, तेषां मध्ये सूक्ष्मा नियता आमोक्षावस्थायिनः, मातापितृजा निवर्तन्ते मरणकाले पतन्ति, उपलक्षणमेतत् प्रभूतानाम्, तेऽपि निवर्तन्त इति बोध्यम्, विशिष्य कथनं तु गौणजीवत्वाभिप्रायकं बोध्यम् ॥ ३९ ॥

पूर्वोत्पन्नमसक्तं
नियतं महदादि सूक्ष्मपर्यन्तम् ।
संसरति निरुपभोगं
भावैरधिवासितं लिङ्गम् ॥ ४० ॥

लिङ्गशरीरधर्मानाह पूर्वोत्पन्नमिति । पूर्वस्मिन्नादिसर्गे पूर्वस्मात् प्रधानादुत्पन्नमाविर्भूतम्, असक्तम् ० अव्याहतं शिलामप्यनुप्रविशति, नियतं प्रत्यात्म भिन्नम्, महदादिसूक्ष्मपर्यन्तं महदहंकारमनोदशेन्द्रियतन्मात्रसमुदायरूपम्, संसरति नवं नवं स्थूलशरीरमुपादत्ते पूर्वं पूर्वं च जहाति, निरुपभोगं स्थूलदेहं विना भोगासमर्थम्, भावैरधिवासितं भावैर्योगादिभिरन्तर्भावैश्चाधिवासितं कृतसंस्काराधानम्, यागजसंस्कारोऽदृष्टमेव ॥ ४० ॥

चित्रं यथाश्रयमृते
स्थाण्वादिभ्यो विना यथा छाया ।
तद्वद्विना विशेषैस्तिष्ठति
न निराश्रयं लिङ्गम् ॥ ४१ ॥

ननु तर्हि साहंकारेन्द्रियबुद्धित एव भोगोऽस्तु कृतं सूक्ष्मशरीरेणाप्रामाणिकेनेत्यत आह चित्रं यथेति। आश्रयं विना यथा चित्रं न तिष्ठति तदाश्रित्यैव तिष्ठति तद्वद्विशेषैरतिसूक्ष्मैः शरीरैर्विना लिङ्गं लिङ्गनाज्ज्ञापनाद्बुद्ध्यादिकं वृत्तितन्मात्रादिसमुदायरूपत्वान्निराश्रयं न तिष्ठति किंतु सूक्ष्मशरीराश्रितमेव तिष्ठति, अतस्तेषां धर्मिभूतं सूक्ष्मशरीरमावश्यकम्, 'ततः सत्यवतः कायात् पाशबद्धं वशं गतम्। अङ्गुष्ठमात्रं पुरुषं निश्चकर्ष बलाद्यमः" ॥ इत्यादिप्रमाणाच्चेति भावः। केचित्तु स्थूलशरीरावश्यकत्वाभिप्रायकमिदमिति वर्णयन्ति, तथाहि लिङ्गं समुदायात्मकं लिङ्गशरीरं विशेषैः स्थूलदेहैर्विना निराश्रयं सत्र तिष्ठति किंतु स्थूलशरीरमाश्रित्यैव तिष्ठति, अतो न लिङ्गशरीरेण स्थूलशरीरस्यान्यथा सिद्धिरिति भावः। शेषं प्राग्वत् ॥४१॥

पुरुषार्थहेतुकमिदं
निमित्तनैमित्तिकप्रसङ्गेन।
प्रकृतेर्विभुत्वयोगा-
न्नटवद्व्यवतिष्ठते लिङ्गम् ॥ ४२ ॥

एवं सूक्ष्मशरीरास्तित्वमुपपाद्य यथा संसरति येन च हेतुना तदुभयमप्याह पुरुषार्थेति। निमित्तं धर्मादिं नैमित्तिकं धर्मादिकारणकं स्थूलदेहादि तदुभयप्रसङ्गेन तदुभयसंबन्धेन लिङ्गमिदं सूक्ष्मशरीरं नटवद्व्यवतिष्ठते यथा नटो बहूनि विविधानि रूपाणि गृहीत्वा व्यवहरति तथेदमपि देवादिशरीरं परिगृह्य व्यवहरति, किमर्थं तत्राह पुरुषार्थहेतुकमिति। पुरुषार्थो हेतुर्निमित्तं यस्य तादृशम्, पुरुषार्थफलकमिति यावत्। तत्तद्भोगादृष्टबलात् तत्तद्भोगार्थमेव तथा व्यवहरतीत्यर्थः। कुतोऽस्यैवंविधो महिमा तत्राह प्रकृतेर्विभुत्वयोगादिति। तथा च पुराणम्, "वैश्वरूप्यात्‌ प्रधानस्य परिणामोऽयमीदृशः" ॥ इति, प्रकृत्यापूरापगमाभ्यां महदल्पादिकं सर्वमुपपद्यत इति भावः ॥ ४२ ॥

सांसिद्धिकाश्च भावाः
प्राकृतिका वैकृतिताश्च धर्माद्याः ।
दृष्टाः कारणाश्रयिणः
कार्याश्रयिणश्च कललाद्याः ॥ ४३ ॥

प्राकृतवैकृतयोरप्रसिद्धत्वात् तौ कौ तत्राह सांसिद्धिकाश्चेत्यादि । भावा धर्माद्या ये सांसिद्धिकाः स्वाभाविकास्त एव प्राकृतिकाः, यावद्वस्तुस्थायिनो यथा महत्तत्त्वादहंकारादयः, वैकृतिकाः कदाचिद्वृत्तयः, तेषां मध्ये धर्माद्याः, करणं बुद्धितत्त्वम, तदाश्रयिणो दृष्टाः सांख्याचार्यैः । कार्याश्रयिणः, कार्यं शरीरं तदाश्रयिणः कललाद्याः, कललबुद्बुदमांसपेशीकरण्डाङ्गप्रत्यङ्गव्यूहा „गर्भस्थस्य, ततो निर्गतस्य बाल्यकौमारयौवनवार्द्धकानीति संक्षेपः ॥ ४३ ॥

धर्मेण गमनमूर्ध्वं
गमनमधस्ताद् भवत्यधर्मेण ।
ज्ञानेन चापवर्गो
विपर्ययादिष्यते बन्धः ॥ ४४ ॥

बुद्धिनिष्ठानां धर्मादीनां प्रयोजनमाह धर्मेणेति । केवलशुक्लेन (१) परहिंसावर्जितेन, शुक्लकृष्णेन (२) च परहिंसापूर्वकेण ० ऊर्ध्वं ब्राह्मप्राजापत्यैन्द्रगान्धर्वयाक्षपैत्रादिषु लोकेषु, अधस्ताद् रौरवमहारौरववन्हिवैतरणीकुम्भीपाकतामिस्रान्धतामिस्रादिनरकेषु ० अधर्मेण शास्त्रनिषिद्धाचरणेन परपीडादिना, गमनं भवति, ज्ञानेनात्मसाक्षात्कारेण ० अपवर्गो मोक्षः, विपर्ययात् ० अज्ञानाद्बन्धः प्राकृतिकवैकृतिकदाक्षिणभेदेन त्रिविधः, तत्र प्राकृतिकः ० आत्मबुद्ध्या प्रकृत्युपासननिबन्धनो यथा "पूर्णं शतसहस्रं तु तिष्ठन्त्यव्यक्तचिन्तकाः" । इति, वैकृतिक आत्मबुद्ध्येन्द्रियोपासननिबन्धनो यथा "दश मन्वन्तराणीह तिष्ठन्तीन्द्रियचिन्तकाः" । इत्यादि । दाक्षिणः

(१) जपादिना ।
(२) यागादिना ।

पुरुषमजानतः कामनया वैदिककर्मानुष्ठाननिबन्धनो यथा "पुरुषज्ञानहीनानां स्वर्गाद्यर्थं हि कुर्वताम्। तानि तानीह कर्माणि तेषां बन्धस्तु दाक्षिणः" ॥ इति । संज्ञा तु दक्षिणासंबन्धनिबन्धना बोध्येति संक्षेपः ॥ ४४ ॥

वैराग्यात् प्रकृतिलयः
संसारो भवति राजसाद्रागात् ।
ऐश्वर्यादविघातो
विपर्ययात् तद्विपर्यासः ॥ ४५ ॥

"तमेव विदित्वातिमृत्युमेति नान्यः पन्था विद्यतेऽयनाये"ति श्रुत्या पुरुषज्ञस्यैव मोक्षकथनेनान्यस्य मोक्षाभावकथनाज्ज्ञानरहितस्य विरक्तस्यापि न मोक्ष इत्याशयवानाह वैराग्यादिति । दृष्टानुश्रविकविषयेष्वलंबुद्धिविशेषरूपाद्वैराग्यात् केवलात् प्रकृतिलयः, प्रकृतिपदेन महदहंकारादयोऽपि गृह्यन्ते, तेष्वात्मबुद्ध्योपास्यमानेषु लयो भवतीत्यर्थः राजसाद् रजःकार्याद् रागात् कामक्रोधादेः संसारो भवति, तत्र यागादिगोचरात् स्वर्गादिः, स्त्र्यादिगोचरादिह लोकभोग एवेति विवेकः, ऐश्वर्यादणिमादिलक्षणात् ० अविघातो गतिप्रतिबन्धाभावः, विपर्ययादनैश्वर्यात् तद्विपर्यासः सर्वत्र गतिविच्छेदः, यथा कस्यचिदनीश्वरस्य परगृहे प्रतिघातः ॥ ४५ ॥

एष प्रत्ययसर्गो
विपर्ययाशक्तितुष्टिसिद्ध्याख्यः ।
गुणवैषम्यविमर्दात्
तस्य च भेदास्तु पञ्चाशत् ॥ ४६ ॥

ननु विपर्ययाद्याः सांख्यशास्त्रेभ्यः श्रूयन्ते, किं ते तत्त्वान्तराणि कतिविधा वा तत्राह० एष इति । विपर्ययश्चाशक्तिश्च तुष्टिश्च सिद्धिश्च ० आख्या नामानि यस्य ० एष गणः प्रत्ययो बुद्धिस्तत्सर्गस्तज्ज-

न्यः, तथा च बुद्धितत्त्वे प्रविष्टो न तत्त्वान्तरं कार्यकारणाभेदात्, तस्य भेदाः पञ्चाशद्वक्ष्यन्ते, ननु कथमेककारणादेतानि कार्याणि तत्राह गुणवैषम्यविमर्दादिति । गुणानां वैषम्यं न्यूनाधिकबलता मन्दमध्याधिकभावेन नानाविधा तया विमर्दो गुणस्य गुणयोर्वा० अभिभवः, तस्मादित्यर्थः । तदेवं कार्यकारणयोरभेदेन विपर्ययस्याज्ञानेऽशक्तेरधर्मे तुष्टेर्धर्मे सिद्धेर्ज्ञान इति विवेकः । अज्ञानादयस्तु बुद्धेरेवातो विपर्ययादयोऽपि न तत्त्वान्तरमित्यालं विस्तरः ॥ ४६ ॥

पञ्च विपर्ययभेदा
भवन्त्यशक्तिस्तु करणवैकल्यात् ।
अष्टाविंशतिभेदा
तुष्टिर्नवधाष्टधा सिद्धिः ॥ ४७ ॥

पञ्चाशदिति सामान्यत उक्तम्, तत्र कस्य कतिविधा भेदास्तैत्राह पञ्च विपर्ययेति । विपर्ययः संसारबीजम्, क्लेशाः पञ्च ० अविद्यास्मितारागद्वेषाभिनिवेशास्तेषामेव यथासंख्यं तमोमोहमहामोहतामिस्रान्धतामिस्रसंज्ञाः, अभिनिवेशो भयम्, ननु रोगादिकृतानामशक्तीनां रोगसमसंख्यतया कथमष्टाविंशतिधाऽशक्तिस्तत्राह करणवैकल्यादिति । करणानां बुद्धितत्त्वैकादशेन्द्रियाणां यद्वैकल्यं बधस्तस्माद्याऽशक्तिः साऽष्टाविंशतिधेत्यर्थः, शेषं सुगमम् ॥ ४७ ॥

भेदस्तमसोऽष्टविधो
मोहस्य च दशविधो महामोहः ।
तामिस्रोऽष्टादशधा
तथा भवत्यन्धतामिस्रः ॥ ४८ ॥

पञ्चानां विपर्ययाणामवान्तरभेदमाह भेदस्तमस इति । अष्टसु प्रकृतिमहदहंकारपञ्चतन्मात्रेष्वात्मबुद्धिरविद्या, तस्या एव तम इतिसंज्ञा, तस्या अष्टविधविषयकत्वादष्टविधत्वम् । अणिमाद्यैश्वर्यं प्राप्य सिद्धोऽहमस्मीत्यात्मन्यहंभावेनाभिमानविशेषोऽस्मिता, अणिमाद्यष्ट-

अर्थविषयकत्वात् तस्या अष्टविधत्वम्, सैव च मोहसंज्ञिका, मोहस्य चेति, चकारादष्टविध इत्यन्वेति । शब्दादिषु पञ्चसु विषयेषु दिव्या-दिव्यतया दशविधेषूपादेयत्वबुद्ध्या रागः, स एव महामोहः, विषय-स्य दशविधत्वात्तस्य दशविधत्वम् । परेण भुज्यमानेषु दशसु शब्दा-दिविषयेषु परेण प्राप्तेषु चाणिमादिष्वष्टसु द्वेषस्तामिस्रापरः, अष्टा-दशविषयत्वात्तस्याष्टादशविधत्वम् । अभिनिवेशस्त्रासः, अन्धतामि-स्रापरः, शब्दादयो दशाणिमाद्यैश्वर्यं चाष्टविधं केषांचिद्विनश्यति चेति भयम्, अष्टादशविषयकत्वादष्टादशविधम् । तदेवं विपर्ययभेदा द्वाषष्टिरिति ॥ ४८ ॥

एकादशेन्द्रियवधाः
सह बुद्धिवधैरशक्तिरुद्दिष्टा ।
सप्तदशधा च बुद्धे-
र्विपर्ययात् तुष्टिसिद्धीनाम् ॥ ४९ ॥

अशक्तेरष्टाविंशतिभेदानाह ० एकादशेति । एकादशेन्द्रियाणां श्रोत्रत्वगक्षिरसनघ्राणवाक्पाणिपादपायूपस्थमनसां वधाः, वैगुण्या-नि यथा, यथासंख्यम, "बाधिर्यं कुष्ठितान्धत्वं जडताऽजिघ्रता तथा । मूकता कौणय(१) पङ्गुत्वक्लैब्योदावर्तमत्तताः" ॥ एतत्तुक्ता स्व-व्यापारे बुद्धेरशक्तिरिति सह बुद्धिवधैरित्युक्तम् । अधुना कति बु-द्धेः स्वरूपतो वधास्तानाह सप्तदशधेति । तुष्टिर्नवधा वक्ष्यते, एवं सिद्धिरप्यष्टधा, तेषां (२) विपर्ययात् व्यतिरेकादिति ॥ ४९ ॥

आध्यात्मिकयश्चतस्रः
प्रकृत्युपादानकालभाग्याख्याः ।
बाह्या विषयोपरमात्
पञ्च नव तुष्टयोऽभिमताः ॥ ५० ॥

तुष्टेर्नव भेदानाह ० आध्यात्मिकयश्चेति । प्रकृत्याविभिन्नत्वे-

---

(१) कलादोषः ।
(२) पुंस्त्वं यथाभिप्रायम् ।

नात्मसाक्षात्कारो मोक्षोपायः, परंतु साक्षात्कारः प्रकृतेः परिणामविशेषः प्रकृतित एव भविष्यतीति कृत्वा तत्र न यतते तस्य प्रकृत्याख्या तुष्टिरम्भ इत्युच्यते। कश्चिदेवं चिन्तयति, न प्रकृतिमात्रात् स भवति तथा सति गृहस्थस्यापि संभवेत् किंतु संन्यासाश्रमोपादानात् स भविष्यतीत्यालस्याद्विना तुष्ट्या तिष्ठति, तस्योपादानाख्या सलिलमित्युच्यते, सैव परिव्रज्याख्या तुष्टिरिति गीयते। प्रव्रज्याख्यापि कालविशेषं प्राप्य तं करिष्यतीति, अतः कालस्यैव प्राधान्याज्ज्ञानप्राप्तिकाले ज्ञानं भविष्यत्येवेत्यलं प्रयासेनेति तुष्टिः कालाख्या मेघ इत्युच्यते। कालविशेषेऽपि स भाग्यबलादेव भवति, अतो भाग्यमेव हेतुर्नान्यदित्यलं प्रयासैरिति तुष्टिर्भाग्याख्या वृष्टिरित्युच्यते। एताश्चतस्र आध्यात्मिक्यः। विषयोपरमो वैराग्यं तेन तुष्टयः पञ्च बाह्याः, प्रकृत्यादिभिन्नत्वेनात्मज्ञानाभावात्, तथाहि ० अर्जनरक्षणक्षयभोगहिंसासु दोषदर्शनात् पञ्चोपरमा भवन्ति, तद्धेतुकत्वात् तुष्टयोऽपि पञ्च भवन्ति, यथा ० अर्जनोपाया भिक्षाटनादयः क्लेशदाः, अतोऽलं प्रयासैरिति या तुष्टिः सा पारमुच्यते। तथा कथंचिदर्जितस्य चौरादितो रक्षणमपि कष्टमिति कृत्वा या तुष्टिः सा सुपाराख्या। एवं कथंचिद्रक्षितमपि भोगात् क्षयं गमिष्यत्येवेति कृत्वा या तुष्टिः सा पारापारमुच्यते। एवं शब्दादिभोगाभ्यासात् प्रवर्तन्ते (१) कामाः, ते च पुनर्विषयप्राप्तौ ० अप्राप्तौ च कामिनो दुन्वन्तीति कृत्वा या तुष्टिः सा ० अनुत्तमाम्भ इत्युच्यते। एवं भोगेऽवश्यं प्राणिहिंसा जायत एवेति दोषदर्शनाद्विषयोपरमे या तुष्टिः सा ० उत्तमाम्भ इत्युच्यते। तदेवमाध्यात्मिकीभिश्चतसृभिर्बाह्याभिः पञ्चभिर्नव तुष्टयोऽभिमताः। "अम्भः सलिलं मेघो वृष्टिः पारं तथा सुपारं च। अन्यच्च पारापारमनुत्तमाम्भ उत्तमाम्भश्च" ॥ इति ॥ ५० ॥

ऊहः शब्दोऽध्ययनं
दुःखविघातास्त्रयः सुहृत्प्राप्तिः।
दानं च सिद्धयोऽष्टौ
सिद्धेः पूर्वोऽङ्कुशस्त्रिविधः ॥ ५१ ॥

(१)—बंगे प्रति वरः पाठः।

अथ सिद्धीराह ० ऊह इति । ऊहो विचारसामर्थ्यम्, विशेषदर्शनमिति यावत् । शब्दः क्रियाकारकभावापन्नपदसमुदायव्युत्पत्तिः । अध्ययनं गुरुमुखतः शास्त्रार्थज्ञानम् । दुःखविघाता दुःखशमनोपायास्त्रय इति, दुःखानां त्रित्वात् ० शमनोपायानामपि त्रित्वम् । सुहृत्प्राप्तिः ० आध्यात्मिकजनसङ्गः । दानं दैप् शोधने इति धातोर्बाह्याऽभ्यन्तरशौचम् । सिध्यत्यनयेति सिद्धिः । तत्र दुःखविघातसिद्धिः फलत्वान्मुख्या, अन्यास्तु पञ्च तत्साधनत्वाद् गौण्य इति विवेकः । तत्रोहादेः संज्ञाविशेष आकरे (१) यथा "तारतारसुतारप्रमोदमुदितमोदमानरम्यकसदामुदिताख्याः सिद्धय" इति । आसामुपादेयत्वं विपर्ययाशक्तितुष्टीनां तु हेयत्वं ज्ञापयिष्यन्नाह सिद्धेः पूर्वोऽङ्कुशस्त्रिविध इति । पूर्वः पूर्वोक्तो विपर्ययाशक्तितुष्टिरूपस्त्रिविधः सिद्धेरङ्कुशः, कारणविघटनादिद्वारा निवारकः, अतः सिद्धिपरिपन्थित्वादङ्कुश इव, इति विपर्ययाशक्तितुष्टयो हेया एवेति भावः ॥५१॥

न विना भावैर्लिङ्गं
न विना लिङ्गेन भावनिर्वृत्तिः ।
लिङ्गाख्यो भावाख्य-
स्तस्माद् द्विविधः प्रवर्तते सर्गः ॥ ५२ ॥

ननु भोगो विषयमन्तरेण न भवतीत्याकाशादिसर्ग एवास्तु कृतं महदाद्यतीन्द्रियसर्गेण तत्राह न विना भावैरिति । भावैः प्रत्यक्षैर्विषयैर्विना लिङ्गं महदाद्यतीन्द्रियवृन्दं न भोगसाधनमित्यर्थः । लिङ्गेन महदादिना विना भावानां विषयाणां न निर्वृत्तिः ० न भोगसाधनत्वम्, अयमभिप्रायः, नहि विषयः स्वरूपतो भोगहेतुः, सर्वेषां सर्वविषयभोगापत्तेः, अपितु ज्ञात एव, ज्ञानं चेन्द्रियान्तःकरणैर्विना नेत्युभयस्वीकारः, तस्माद् द्वयोरप्यावश्यकत्वात् ० लिङ्गाख्यः ० लिङ्ग्यत एव नतु साक्षात्क्रियत इति लिङ्गं महदाद्यतीन्द्रियवर्गः, भावाख्यः ० भूयते प्राप्यतेऽर्थोऽिन्द्रियेणेति विषयवर्गः प्रत्यक्षसिद्धः ॥५२॥

---

(१) भाग्ये ।

अष्टविकल्पो दैव-
स्तैर्यग्योनश्च पञ्चधा भवति ।
मानुष्यश्चैकविधः
समासतो भौतिकः सर्गः ॥ ५३ ॥

भौतिकसर्गविभागमाह ० अष्टविकल्प इति । ब्राह्मप्राजापत्यैन्द्रपित्र्यगान्धर्वयाक्षराक्षसपैशाचभेदादष्टविधो दैव इत्यर्थः। तैर्यग्योन इति, पशुपक्षिसर्पकीटस्थावरभेदात् पञ्चविध इत्यर्थः । मानुष्यश्चैकविधः, समासतः, ब्राह्मणत्वाद्यवान्तरजातिभेदाविवक्षयेति । भौतिको दैहिकः, तेन घटादिनिरासः, केचित्तु घटादेः स्थावरेऽन्तर्भावं वदन्ति ॥ ५३ ॥

ऊर्ध्वं सत्त्वविशाल-
स्तमोविशालश्च मूलतः सर्गः ।
मध्ये रजोविशालो
ब्रह्मादिस्तम्बपर्यन्तः ॥ ५४ ॥

भौतिकस्य विशेषमाह ० ऊर्ध्वमिति । भूलोकादूर्ध्वं सत्त्वविशालः सत्त्वबहुलः, तत्रत्येषु रजस्तमसोः सत्त्वेऽपि सत्त्वाधिक्यश्रवणात् । मूलतोऽधःपतनशीलस्तैर्यग्योनस्तमोविशालस्तमोबहुलः, तेषु सत्त्वरजसोः सत्त्वेऽपि तमस आधिक्योपलब्धेः । मध्ये भूलोके रजोविशालः, सत्त्वतमसोः सत्त्वेऽपि धर्माधर्मप्रवृत्तिपरत्वदर्शनेन रजस आधिक्यकल्पनात् । ब्रह्मादीति, सोऽयं ब्रह्मादिस्तम्बपर्यन्तः सर्गो लोकभेदेनैवंसंक्षिप्तिक इत्यर्थः । स्तम्बः स्थावरः ॥ ५४ ॥

तत्र जरामरणकृतं
दुःखं प्राप्नोति चेतनः पुरुषः ।
लिङ्गस्याविनिवृत्ते-
स्तस्माद् दुःखं स्वभावेन ॥ ५५ ॥

तदेवं सर्गं दर्शयित्वा तस्यापर्गसाधनवैराग्योपयोगिनीं दुःखतामाह तत्र जरामरणेति। यतः पुरुषः स्वयं चेतनोऽपि तत्र लोकत्रयात्मके सर्गे जरामरणकृतं दुःखं प्राप्नोति, तस्माद् दुःखं स्वभावेन स्वत एव सर्गो दुःखरूपः, विवेकिनामिति शेषः, यथाह भगवान् पतञ्जलिः, "परिणामतापसंस्कारदुःखैर्गुणवृत्तिविरोधाच्च दुःखमेव सर्वं विवेकिन" इति, अत्र परिणामपदेन जरादिदुःखं बोध्यम, तापपदेन "मा न भूवं हि भूयास"मिति मरणत्रासदुःखं बोध्यम, संस्कारपदेन पुनर्जननादिदुःखं बोध्यम्। कियन्तं कालं दुःखं प्राप्नोति तदाह लिङ्गस्याविनिवृत्तेः, यावल्लिङ्गं महदादि न निवर्तते तावत, ज्ञानेन लिङ्गस्य निवृत्तौ तु मोक्षमधिगच्छतीति भावः॥ ५५॥

इत्येष प्रकृतिकृतो
महदादिविशेषभूतपर्यन्तः।
प्रतिपुरुषविमोक्षार्थं
स्वार्थ इव परार्थ आरम्भः॥ ५६॥

सर्गस्य प्रकृतिमात्रारब्धत्वं वक्तुमुपसंहरति ० इत्येष इति। इतीत्युपसंहारे, एष महदादिविशेषभूतपर्यन्तः प्रकृतिकृतः प्रकृत्यैवोक्तरीत्या कृतः, नेश्वरेण न वाऽदृष्टेनेत्यर्थः, विशेषभूतं पृथिवी, अयमभिसंधिः, धर्मसापेक्षत्वनिरपेक्षत्वविकल्पग्राहग्रस्तत्वान्मानाभावाच्च नेश्वरः कारणम, नाप्यदृष्टम, कार्यस्य कारणत्वायोगात्, प्रलयकालीनानारम्भकपरमाण्वादिक्रियादौ व्यभिचारेण कार्यमात्रेऽदृष्टादीनामकारणत्वाच्चेति दिक्, अचेतनत्वेन स्वप्रयोजनाभावात, एष आरम्भः परार्थे एव ननु कस्यार्थे आरम्भस्तत्राह प्रतिपुरुषेति, प्रत्येकपुरुषस्येत्यर्थः, अत्र भोजयितुमिति विहाय विमोक्षार्थमित्युक्तिस्तु एकस्य मोक्षेऽपि सर्गस्य नाशो नास्ति सर्वसाधारणत्वादिति ज्ञापनाय, अत एव प्रतिपुरुषेत्युक्तम, आह चैवं समानतन्त्रे भगवान् पतञ्जलिः, "तदर्थ एव दृश्यस्यात्मा कृतार्थं प्रति नष्टमप्यनष्टं तदन्यसाधारणत्वा"दिति परार्थारम्भे न कोऽपि विवाद इत्याह स्वार्थ इवेति। यथान्यो जनः स्वार्थे प्रवर्तते तथैवास्य परार्थे आरम्भो घटत एव, प्रयोजनवत्त्वमात्रस्य प्रवृत्तिमूलत्वादित्यास्तां विस्तरः॥ ५६॥

वत्सविवृद्धिनिमित्तं
क्षीरस्य यथा प्रवृत्तिरज्ञस्य ।
पुरुषविमोक्षनिमित्तं
तथा प्रवृत्तिः प्रधानस्य ॥ ५७ ॥

नन्वचेतनायाः प्रकृतेः कथं प्रवृत्तिस्तत्राह वत्सेति । अन्वयव्यतिरेकाभ्यां वत्सविवृद्ध्यादिप्रयोजनेनैवाचेतनस्य क्षीरादेः प्रवृत्तिदर्शनात् प्रवृत्तिर्न चेतननियता किंतु दृष्टादृष्टमात्रसाध्या, अतस्तद्वदेवाचेतनाया अपि प्रकृतेः पुरुषविमोक्षार्थं प्रवृत्तौ न किंचिद्बाधकमिति भावः, न च क्षीरप्रवृत्तेरपीश्वराधिष्ठाननिबन्धनतया प्रवृत्तेश्चेतननियतत्वमव्याहतमेव तथा च कथमिति वाच्यम, ईश्वरे प्रमाणाभावात्, प्रामाणिकत्वेऽप्याप्तकामस्य प्रयोजनं विना प्रवर्तकत्वायोगात्, न च कारुण्यादिति वाच्यम्, सर्गात् प्राग् जीवानां दुःखित्वासंभवेन दुःखनिवृत्तीच्छारूपकारुण्यस्यापि तस्मिन्नसंभवात्, तस्मात् स्वयमचेतनापि प्रयोजनेनैव क्षीरादिवत् प्रवर्तत इति सिद्धम् ॥५७॥

औत्सुक्यनिवृत्त्यर्थं
यथा क्रियासु प्रवर्तते लोकः ।
पुरुषस्य विमोक्षार्थं
प्रवर्तते तद्वदव्यक्तम् ॥ ५८ ॥

ननु प्रयोजनमुद्दिश्यैव प्रवृत्तिर्दृष्टा न चास्यास्तदस्ति तत्राह० औत्सुक्येति । औत्सुक्यमिच्छा यथेयं मया संभोक्तव्येति, तन्निवृत्त्यर्थं रत्यादिक्रियासु प्रवर्तते लौकिकः, अनिवृत्ताया इच्छाया दुःखदत्वात्, सा च विषयसिद्धावेव निवर्तत इति सैव फलम्, एवमव्यक्तं प्रधानमपि पुरुषार्थो मया कर्तव्य इतीच्छायां पुरुषविमोक्षरूपफलार्थं प्रवर्तते, तत्सिद्धिं विना तादृशेच्छाया अनिवृत्तेः, अनिवृत्तायाश्चानिष्टत्वात्, तथा च स्वार्थमुखेनैव परार्थारम्भ इति न कोऽपि दोष इत्यास्तां विस्तरः ॥ ५८ ॥

रङ्गस्य दर्शयित्वा
निवर्तते नर्तकी यथा नृत्यात् ।
पुरुषस्य तथात्मानं
प्रकाश्य विनिवर्तते प्रकृतिः ॥ ५६ ॥

ननु भवतु प्रवृत्तिः प्रकृतेर्निवृत्तिस्तु कथम्, तथा च पुरुषस्यानिर्मोक्ष एव स्यादत आह रङ्गस्येति । रङ्गपदं स्थानिपरम्, तथा च यथा नर्तकी सुप्रीता हावभावलीलाविलासवती विविधालंकारशोभिता नृत्यगीतादिभिरात्मानं रङ्गस्थस्य सभ्यादेर्दर्शयित्वा दृष्टाहमनेनेति कृतप्रयोजना धनप्राप्त्या निवर्तते, एवं प्रकृतिर्बुद्ध्यादिसुखदुःखान्तभावेनात्मानं पुरुषस्य प्रकाश्य त्वमन्योऽहमन्येति विवेकतो निवर्तते ० असंयुक्ता भवति, तथानिवृत्तिकः पुरुषो मोक्षमभिगच्छति ॥ ५९ ॥

नानाविधैरुपायै-
रुपकारिण्यनुपकारिणः पुंसः ।
गुणवत्यगुणस्य सत-
स्तस्यार्थमपार्थकं चरति ॥ ६० ॥

ननु परार्थे प्रत्युपकारसंबन्धेन प्रवृत्तिर्दृश्यते, नहि पुरुषात् कश्चित् प्रत्युपकारः प्रकृतेरत आह नानाविधैरिति । गुणवती प्रकृतिरत एवोपकारिणी पुंसः पुरुषस्य द्रष्टुरगुणस्य साक्षित्वभावकतया गुणातीतस्यात एवानुपकारिण उपकारासमर्थस्य नानाविधैर्महदहंकारेन्द्रियमनःप्रभृतिभिरुपायैरर्थं प्रयोजनमपार्थकं स्वीयप्रयोजनशून्यमेव चरति ० आचरति, स्वभाव एवायं गुणवतां यदनुपकारिण्यप्युपकारकरणम्, अतः परार्थे प्रत्युपकारसंबन्धेनैव प्रवृत्तिरिति न नियमोऽव्यभिचारादित्यास्तां विस्तरः ॥ ६० ॥

प्रकृतेः सुकुमारतरं
न किंचिदस्तीति मे मतिर्भवति ।
या दृष्टास्मीति पुन-
र्न दर्शनमुपैति पुरुषस्य ॥ ६१ ॥

स्यादेतत्, नर्तकी नृत्यं सभ्येभ्यो दर्शयित्वा धनप्राप्तया निवृत्तापि पुनः कुतूहलात् प्रवर्तते यथा, तथा प्रकृतिरपि पुरुषायात्मानं दर्शयित्वा विवेकेन निवृत्तापि पुनः प्रवर्त्स्यतीत्यत आह प्रकृतेरिति। सुकुमारतरं सलज्जम्। दृष्टास्मीति कृत्वा पुनः पुरुषस्य दर्शनं नोपैति दृष्टिविषया (१) न भवति, यथा कदाचित् कुलस्त्री युवती साध्वी द्वारावस्थितपुरुषेण रहसि वा गतेन दृष्टा सा व्रीडायमाना त्वरितमन्तः प्रविशति, दृष्टाहमनेनेत्येवमवबुध्य न दर्शनमुपैत्यन्यपुरुषस्य, एवं प्रकृतिः परात्मना पुरुषेण यदा ज्ञानचक्षुषा दृष्टा सा व्रीडायमाना(२)कुलस्त्रीवत् पुनर्दर्शनं नोपैति पुरुषस्य, विवेकख्यातिरेव तत्प्रवृत्तिप्रतिबन्धकत्वादिति भावः ॥ ६१ ॥

तस्मान्न बध्यते ना-
पि (३) मुच्यते नापि संसरति कश्चित् ।
संसरति बध्यते मु-
च्यते च नानाश्रया प्रकृतिः ॥ ६२ ॥

स्यादेतत् पुरुषश्चेन्निर्गुणोऽपरिणामी कथमस्य सुखदुःखादिरूपो बन्धः, अतो न मोक्षोऽपि, मोक्षस्य बन्धेन समानाधिकरणत्वात्, तस्मात् पुरुषविमोक्षार्थमिति रिक्तं वचः, इतीमामाशङ्कामुपसंहारव्याजेनाभ्युपगच्छन्नपाकरोति तस्मादिति । वस्तुतोऽसङ्गत्वादेव पुरुषो बन्धमोक्षादिरहितोऽस्ति, "न निरोधो न चोत्पत्तिर्न बद्धो न च साधकः । न मुमुक्षुर्न वै मुक्त इत्येषा परमार्थता ॥ इति" श्रुतेरिति

(१) विषयभूता इत्युचितम् ।
(२) व्रीडामयमाना • इति यौग्यः पाठः ।
(३) ऽद्धा न इति पा० ।

भावः । कस्तर्हि बन्धाद्यभिमानीत्यत आह संसरतीति । प्रकृतिरेव नानापुरुषाश्रया बुद्ध्यादिद्वारा तादृशी, तथा च बन्धादिकं बुद्धिनिष्ठमेव पुरुषे तत्संपर्कात् तद्गतमारोप्यत एव केवलं नतु तद्‌ध्यस्तीति भावः ॥ ६२ ॥

रूपैः सप्तभिरेव तु
बध्नात्यात्मानमात्मना प्रकृतिः ।
सैव च पुरुषार्थं प्रति
विमोचयत्येकरूपेण ॥ ६३ ॥

ननु पुरुषस्यापि प्रकृतिसंपर्कादारोपितसुखदुःखादिकं बन्ध इत्युक्तम्, सा पुनः केन साधनेन बध्नाति मोचयति वा तदाह रूपैरिति । पुरुषार्थं भोगं प्रति ० आत्मना बुद्धिरूपेण ० आत्मानं पुरुषं रूपैः सप्तभिः धर्मवैराग्यैश्वर्याधर्माज्ञानावैराग्यानैश्वर्यैर्बध्नाति, पुरुषार्थं स्वरूपावस्थानलक्षणं मोक्षं प्रति ० एकेन रूपेण ज्ञानेन मोचयति, संसाराम्निवर्तयति, एतेन वैराग्योपरत्याद्यभावेऽपि ज्ञानं मोक्षस्य कारणं भवत्येवेति ज्ञापितम्, उक्तं च तथा वेदान्तेषु, "पूर्णबोधे तदन्यौ द्वौ प्रतिबद्धौ यदा तदा । मोक्षो विनिश्चितः किन्तु दृष्टदुःखं ननश्यति" ॥ इति, द्वौ वैराग्योपरमौ, दृष्टदुःखं यथोचितव्यवहारक्लेशः, तथा च विषयजिहासारूपवैराग्यस्य विषयदोषदर्शनजन्यस्य पुनर्भोगेष्वदीनतामात्रं फलं नतु मोक्षोऽपि, एवं धीनिरोधरूपोपरमस्यापि यमादिसाध्यस्य द्वैतादर्शनमेव फलं न मोक्षः, श्रुतिषु ज्ञानैकलभ्यत्वकथनादित्यास्तां विस्तरः ॥ ६३ ॥

एवं तत्त्वाभ्यासा-
न्नास्मि न मे नाहमित्यपरिशेषम् ।
अविपर्ययाद्विशुद्धं
केवलमुत्पद्यते ज्ञानम् ॥ ६४ ॥

भवतु ज्ञानादेवं कैवल्यं तदेव तु कस्मात् किमाकारं च तदा-

इ० एवमिति। उक्तप्रकारपुरुषगोचराभ्यासात् पुनः पुनश्चिन्तनरूपान्निदिध्यासनादेव केवलं पुरुषमात्रगोचरं ज्ञानं साक्षात्कार उत्पद्यत इत्यर्थः, एतेन निदिध्यासनसहकृतेन मनसैवात्मगोचरनिर्विकल्पकसाक्षात्कारो भवति न श्रुतानुमानाभ्याम्, तयोस्तत्रासामर्थ्यादिति बोधितम्, यथाह समानतन्त्रे भगवान् पतञ्जलिः, "ऋतंभरा तत्र प्रज्ञा श्रुतानुमानप्रज्ञाभ्यामन्यविषया विशेषार्थत्वा" दिति। आकारमाह नास्मीत्यादिना। अस्मीत्यस्य न कर्तास्मीत्यर्थः, तेन बुद्धिभिन्नोऽहमिति प्राप्तम् न मे, दुःखमिति शेषः, तेन दुःखाधारोपाभावो लब्धः, नाहमित्यनेनाहंकारभेदग्रहः, नास्ति परिशेषो यस्मादित्यपरिशेषं चरमम् "तस्य सप्तधा प्रान्तभूमौ प्रज्ञे" त्यादिना योगसूत्रेणोक्तम्। अविपर्ययात् ० व्यधिकरणप्रकाराभावाद्विशुद्धं प्रमात्मकं मिथ्याज्ञानवासनोन्मूलनक्षमम्, एवंविध एकात्मसाक्षात्कारस्तत्त्वज्ञानपदेनोच्यत इति भावः ॥ ६४ ॥

तेन निवृत्तप्रसवा-
मर्थवशात् सप्तरूपविनिवृत्ताम्।
प्रकृतिं पश्यति पुरुषः
प्रेक्षकवदवस्थितः स्वस्थः ॥ ६५ ॥

तत्त्वज्ञानानन्तरं पुरुषः किं करोति तदाह तेनेति। तेन पूर्वोक्तेन ज्ञानेन निवृत्तप्रसवाम्, प्रसवा भोगभेदसाक्षात्कारादयः, तेषां जनितत्वान्निवृत्तां प्रकृतिं पश्यति पुरुषः प्रेक्षकवदवस्थितः स्वस्थः, यथा कश्चित् प्रेक्षको रङ्गस्थो गीतनृत्यादिषु वर्तमानां नर्तकीं स्वस्थो निर्विकल्पो निराकुलः पश्यति, एवं पुरुषोऽपि तासु तासु योन्यवस्थासु वर्तमानां प्रकृतिं पश्यति, इयं प्रकृतिः स्वगुणैः पुरुषान् बध्नाति मोचयति च ॥ ६५ ॥

दृष्टा मयेत्युपेक्षक
एको दृष्टाहमित्युपरमत्यन्या।
सति संयोगेऽपि तयोः
प्रयोजनं नास्ति सर्गस्य ॥ ६६ ॥

ननु नित्ययोः प्रकृतिपुरुषयोः संयोगसत्त्वात् कथं तस्याः प्रसवनिवृत्तिस्तत्राह दृष्टा मयेति । तयोः संयोगेऽपि सर्गस्य जनने प्रयोजनं प्रयुज्यतेऽनेनेति व्युत्पत्त्या सहकारि कारणं नास्तीति, तयोर्मध्ये ० अन्या प्रकृतिः ० उपरमति न प्रसूत इत्यन्वयः । तत् कथं नास्ति तत्राह दृष्टा मयेति । तयोर्मध्ये एकः पुरुषः स्वभिन्नेयं स्वसंपर्कादुबध्नातीत्येवंगुणा प्रकृतिर्मया दृष्टेत्युपेक्षको भवत्युपरमते, तद्भोगाद्यावेशरहितो भवति. यथा नर्तकीं दृष्ट्वा सभ्यः, तथा च प्रसवे पुरुषस्य प्रकृतिभेदाग्रहः सहकारी दर्शने सति तु स नास्तीति भावः॥६६॥

सम्यग्ज्ञानाधिगमाद्

धर्मादीनामकारणप्राप्तौ ।

तिष्ठति संस्कारवशा-

च्चक्रभ्रमिवद्धृतशरीरः ॥ ६७ ॥

ननु "भिद्यते हृदयग्रन्थिः छिद्यन्ते सर्वसंशयाः । क्षीयन्ते चास्य कर्माणि तस्मिन् दृष्टे परावरे" ॥ इत्यादिश्रुत्या तत्त्वज्ञानानन्तरमेव मोक्षे सर्वकर्मक्षयेण देहाद्यभावसूचनात् कथं प्रकृतिदर्शनं ज्ञाने देहस्य हेतुत्वात्, तत्राह सम्यगिति । सम्यग्ज्ञानं मिथ्याज्ञानोच्छेदक्षमं ज्ञानम्, तदधिगमात् तदुत्पत्तेर्धर्मादीनां देहारम्भकान्यधर्मादीनां संचितक्रियमाणानां दग्धबीजभावानाम्, अकारणं स्वाश्रये स्वफलोत्पादनासामर्थ्यम्, तस्योक्तप्रमाणाद्विवक्षिताविवेकेन प्राप्तौ, संस्कारो देहारम्भकादृष्टम्, तद्वशाद्धृतशरीरस्तिष्ठति, यथा कुलालव्यापारविगमेऽपि वेगवशाच्चक्रभ्रमिस्तिष्ठति, प्रारब्धस्य भोगैकनाश्यत्वात्, अत एव "तस्य तावदेव चिरं यावन्न विमोक्ष्येऽथ संपत्स्य" इत्युक्तं श्रुतौ, भोगेन त्वितरे क्षपयित्वे"ति वेदान्तेषु भगवता व्यासेन च, तथा च तत्त्वज्ञाने सति कर्मक्षय इत्यस्य प्रथमे तत्त्वज्ञानप्रागभावस्य नष्टत्वात् फलानुत्पादमात्रमर्थो न देहाद्यभावोऽपीति संक्षेपः ॥ ६७ ॥

प्राप्ते शरीरभेदे
चरितार्थत्वात् प्रधानविनिवृत्तौ ।
ऐकान्तिकमात्यन्तिक-
मुभयं कैवल्यमाप्नोति ॥ ६८ ॥

ननु यद्युत्पन्नतत्त्वज्ञानोऽपि तिष्ठति कदा तर्हि मोक्षं गच्छति तत्राह प्राप्त इति । भोगेन प्रारब्धक्षयतः शरीरस्य भेदो विनाशस्तस्मिन् प्राप्ते सति चरितार्थत्वाद् बुद्धितत्त्वादिद्वारा कृतभोगापवर्गलक्षणप्रयोजनकत्वात् प्रधानस्य पुरुषं प्रति विनिवृत्तौ संयोगाभावलक्षणलये (१) उभयम् ० उभयगुणकं कैवल्यं दुःखविनाशं प्राप्नोति, द्वयं किं तदाह ० ऐकान्तिकम् ० अवश्यंभावि ० आत्यन्तिकं पुनर्दुःखजातीयानुत्पत्तिविशिष्टम् ० एतद्विशेषणकत्वात् कैवल्यमुभयम् उत्पन्नात्मसाक्षात्कारवान् पुरुषः प्रक्षीणशेषकल्मषो भोगेन प्रारब्ध, क्षये सत्यवश्यमात्यन्तिकदुःखविनाशं प्राप्नोतीति समुदायार्थः ॥६८॥

पुरुषार्थं ज्ञानमिदं
गुह्यं परमर्षिणा समाख्यातम् ।
स्थित्युत्पत्तिप्रलया-
श्चिन्त्यन्ते यत्र (२) भूतानाम् ॥ ६९ ॥

प्रेक्षावद्विश्वासार्थमाह पुरुषार्थमिति । पुरुषस्यार्थः प्रयोजनं मोक्षाख्यं यस्मात् तादृशं ज्ञानं गुह्यं बहूनां दुरवबोधं परमर्षिणा कपिलेन कथितम, यत्रेति निमित्तसप्तमी, यज्ज्ञाननिमित्तमित्यर्थः ॥६९॥

एतत पवित्रमग्र्यं
मुनिरासुरयेऽनुकम्पया प्रददौ ।
आसुरिरपि पञ्चशिखाय
तेन च बहुधा कृतं तन्त्रम् ॥ ७० ॥

एतद् भगवता यत् तत्त्वज्ञानमुक्तं तस्य कुत आगमस्तत्राह ० एतदिति । पवित्रं पावनं सर्वपापनाशकत्वात्, अग्र्यं सर्वेभ्यः पवित्रेभ्यो मुख्यम, मुनिः कपिलः, आसुरये ० अनुकम्पया प्रददौ कथि-

(१) शरीरनाशे इत्यर्थः । (२) ग्रामे ।

तवान्, स पुनः पञ्चशिखाय व्याख्यातवान्, तेन बहुधा शिष्योपदेश-द्वारा प्रकाशितमित्यर्थः ॥ ७० ॥

शिष्यपरंपरयागत-
मीश्वरकृष्णेन चैतदार्याभिः ।
संक्षिप्तमार्यमतिना
सम्यग् विज्ञाय सिद्धान्तम् (१) ॥ ७१ ॥

ईश्वरकृष्णेन किं ततः साक्षात् प्राप्तं तत्राह शिष्यपरंपरयेति । आर्याख्यं छन्दोविशेषस्तद्विशिष्टं पद्यमाप्यार्येत्युच्यते, अत उक्तमार्याभिरिति, किं कृत्वा सम्यगध्ययनभावनाभ्यां सिद्धान्तं विज्ञाय ॥७१॥

सप्तत्यां किल येऽर्था-
स्तेऽर्थाः कृत्स्नस्य षष्टितन्त्रस्य ।
आख्यायिकाविरहिताः
परवादविवर्जिताश्चापि ॥ ७२ ॥

इति सांख्यकारिकाग्रन्थः समाप्तः
शुभम् ॥

एतच्च शास्त्रार्थसूचनाच्छास्त्रं ननु प्रकरणमित्याह सप्तत्यामिति । षष्टितन्त्रस्य पुरुषप्रकृत्यादिषष्टिपदार्थव्युत्पादकतन्त्रस्य येऽर्थाः किल सप्तत्यां कारिकासप्तत्यां कथिताः, किंभूताः, आख्यायिकाविरहिताः कथातद्धटितदृष्टान्तादिरहिताः, तथा परवादविवर्जिताश्च, षड्दर्शनोत्थापनरहिताश्चेत्यर्थः, तत्र यथा कपिलोक्तषडध्याय्यां चतुर्थोऽध्याये आख्यायिका, पञ्चमे परवादः, तथात्र न वर्तते इति भावः, षष्टिपदार्था गणिता ग्रन्थान्तरे यथा "पुरुषः प्रकृतिर्बुद्धिरहंकारो गुणास्त्रयः । तन्मात्रमिन्द्रियं भूतं मौलिकार्थाः स्मृता दश ॥ विपर्ययः पञ्चविधस्तथोक्ता नव तुष्टयः । करणानामसामर्थ्यमष्टाविंशतिधा मतम् ॥ इति षष्टिः पदार्थानामष्टाभिः सह सिद्धिभिः"। इति, तथा चाश्चैतत्षष्टिपदार्थविवेचनान्नेदं प्रकरणं किंतु तन्त्रमेवेति सिद्धम् ॥७२॥

इति श्रीरामगोविन्दतीर्थशिष्यनारायणतीर्थकृता सांख्यचन्द्रिका संपूर्णतामगमत् ॥ शुभमस्तु ॥

(१) राद्धान्तम् इति पा० ।

सूचीपत्रम् ।

गणपाठः	०	४	०
गोलप्रकाशः	२	८	०
गंगालहरी	०	१	०
गुरुसारणी	०	४	०
जातकतत्त्वम्	०	१२	०
तत्त्वदीप	०	१	०
तर्कसंग्रहः	०	१	६
दत्तकमीमांसा	०	८	०
धर्म्मशास्त्रसंग्रहः	०	१	६
धातुपाठः (शिला -))	०	२	०
धातुरूपावली	०	२	६
नैषध चरित नारायणी टीका टाइप	४	०	०
परिभाषापाठः	०	०	०
पाणिनीयशिक्षा भाष्यसहिता	०	२	०
प्रथम परीक्षा	०	२	०
प्रथमपुस्तक हिन्दी	०	१	०
प्रश्नभूषणम् (प्रश्न विचार का बहुत उत्तम ग्रन्थ)	०	४	०
बीजगणितम् (म० म० पं० सुधाकरकृतटिप्पणीसहित)	१	४	०
भट्टीकाव्य ५ सर्ग	०	६	०
मनोरमा शब्दरत्नसहिता (टाइप)	९	०	०
लघुकौमुदी टिप्पणीसहिता	०	४	०
लक्षणावली	०	२	०
लीलावती (म० म० पं० सुधाकरकृतटिप्पणीसहित)	१	०	०
वसिष्ठसिद्धान्तः	०	१	६
वार्तिकपाठः	०	४	०
विष्णुसहस्रनाम	०	१	०
शब्दरूपावली	०	१	६
शृङ्गार सप्तशती	१	८	०
समासचक्रम्	०	१	०
समासचन्द्रिका	०	१	०
सरस्वतीकण्ठाभरणम्	३	०	०
साङ्ख्यचन्द्रिका टिप्पणीसहिता	०	८	०
साङ्ख्यतत्त्वकौमुदी	०	६	०
सिद्धान्तकौमुदी	५	०	०
सिद्धान्तमुक्तावली दिनकरीटिप्पणीसहिता	३	०	०
उपसर्गवृत्ति	०	१	०